El Confesionario De Los Penítentes Negros, 1

Ana Radcliffe

EL CONFESONARIO

DE LOS PENITENTES NEGROS.

ESCRITO

POR ANA RADCLIFFE,

TRADUCIDO EN FRANCES POR MORELLET,

Y EN CASTELLANO

POR D. T. H. y D. M. S.

TOMO I.

MADRID: IMPRENTA DE BRUGADA
1821.

Se hallará en las librerías de Cruz y Miyar, frente de S. Felipe, y calle del Príncipe, núm. 2.

ADVERTENCIA.

Algunos ingleses que viajaban por Italia el año de 1764, en una escursion que hicieron por las cercanías de Nápoles, se detuvieron delante de la iglesia de Santa María del Pianto, perteneciente á un convento muy antiguo del orden de los Penitentes Negros. La magnificencia del pórtico, aunque degradado por las injurias del tiempo, excitó la admiracion de los viajeros; y deseando recorrer todo el edificio, subieron por la gradería de marmol que conducia al templo.

En la parte hundida del pórtico por detras de las columnas, se paseaba un personage con los brazos cruzados, los ojos fijos en la tierra, y de tal manera absorto en sus pensamientos, que no percibia los extrangeros que se acercaban. Pero al ruido de sus pisadas volvió repentinamente, y sin pararse se entró corriendo por una puer-

ta que daba á la iglesia, y desapareció.

La figura de aquel hombre, que no
era comun, ni sus movimientos regu-
lares, llamó la atencion de los extrangeros. Era alto y delgado, un poco
cargado de espaldas, tenia el color
vilioso, las facciones duras, y el mirar
feroz.

Luego que entraron en la iglesia le
buscaron inútilmente con la vista, y
solo percibieron entre la oscuridad un
religioso de un convento inmediato,
que enseñaba algunas veces á los viajeros los objetos que merecian alguna atencion en aquella iglesia, y se
acercaba á ofrecerles sus servicios.

Lo interior del edificio no presentaba los adornos ni la magnificencia
que distinguen las iglesias de Italia, y
particularmente las de Nápoles; pero
merecia la atencion de los hombres
de gusto por su sencillez y nobleza, y
por una cierta proporcion de luz y
oscuridad que aumenta el respeto, y
excita y sostiene el fervor de la devocion.

Habiendo reconocido nuestros viajeros las capillas y todo lo que les habia parecido digno de observacion, volvian hácia el pórtico, cuando percibieron al hombre que habian visto antes que entraba en un confesonario del lado izquierdo. Uno de ellos preguntó al fraile, quién era aquel religioso. El fraile dudó si responderia; pero habiéndole repetido la pregunta, inclinó la cabeza en señal de obediencia, y dijo sin manifestar ninguna alteracion: es un asesino.

¡Un asesino, exclamó uno de los ingleses, y permanece en libertad!

Un italiano que iba en su compañía se sonrió del asombro que manifestaba su amigo. Ha encontrado aquí un asilo, le dijo, en donde no le pueden prender.

¿Con que vuestros altares protegen á los asesinos? replicó el ingles.

No estará seguro, replicó el fraile con dulzura, en ninguna otra parte.

Es cosa muy extraña, repuso el ingles. ¿Y qué poder les queda á vues-

tras leyes, si los mayores criminales tienen medios de librarse de ellas?....
¿Pero cómo ha de vivir en este sitio? Está expuesto á lo menos á morir de hambre.

No, dijo el fraile. Siempre hay personas dispuestas á socorrer á los que no pueden hacerlo por sí mismos; y como el criminal no puede salir de este recinto para remediar sus necesidades, se le trae el alimento.

¿Es posible? replicó el ingles, dirigiéndose á su amigo el italiano.

¿Pues queriais acaso, le dijo este, que dejasen á ese desgraciado morir de hambre¿ ¿Qué, no habeis visto desde que estais en Italia otra cosa semejante? pues no es raro.

Nunca, respondió el ingles; y apenas creo lo que estoy viendo.

Amigo mio, le dijo el italiano, es tan comun entre nosotros el crimen de asesinato, que si no hubiera estos asilos para los desgraciados que le cometen, quedarian muy pronto nuestras ciudades casi despobladas.

A esta observacion se contentó el ingles con bajar la cabeza.

Mirad, continuó el italiano, aquel confesonario de la izquierda que está mas allá de las columnas debajo de la vidriera de colores. Tal vez la luz sombría que arrojan hácia aquella parte los cristales pintados, no os dejarán distinguir los objetos.

Mirando el ingles con atencion, descubrió un confesonario de encina, bruñida ya por el tiempo, y advirtió que era el mismo en que acababa de entrar el asesino. Por encima estaba cubierto con un paño negro, y tenia tres divisiones: en la de enmedio se hallaba el asiento del confesor, y en la derecha é izquierda habia dos pequeños gabinetes abiertos por delante, y separados de la parte de enmedio con una reja, que era por donde el penitente arrodillado confesaba los crímenes que manchaban su conciencia.

Es el confesonario en donde ha entrado ahora el asesino, dijo el ingles, y me parece uno de los sitios mas

tristes que he visto nunca. Su aspecto
solamente basta para sumergir un criminal en la desesperacion.

¡Ah! respondió el italiano sonrién-
dose, nosotros no caemos tan facilmente en la desesperacion.

¿Y qué quereis decirme, preguntó
el ingles enseñándome el confesonario
donde ha entrado el asesino?

Quiero, respondió el italiano, que
le repareis, porque no ha muchos
años que en ese mismo confesonario
se hizo una confesion que corresponde á una historia, que me han recor-
dado la presencia del asesino y vuestra admiracion al verle libre. Luego
que volvais á la posada os la daré,
porque la tengo escrita por un estudiante de Padua que se hallaba en
Nápoles poco tiempo despues de haberse hecho pública aquella horrible
confesion.

Me asombrais infinito, interrumpió
el ingles: yo creia que los sacerdotes
guardaban la confesion con un secreto inviolable.

Vuestro reparo es justo, dijo el italiano. El secreto de la confesion no se ha violado nunca, sino por orden de una autoridad superior (1), y en circunstancias que justifican esta violacion; pero cuando leais la relacion cesará vuestra sorpresa. Repito que esta historia la escribió un estudiante de Padua que se hallaba aqui á poco tiempo de publicarse aquel suceso, y le admiró tanto, que por excitarse en escribir, y por recompensar algunos cortos favores que yo le habia hecho, la puso por escrito, y me la dió. En la misma obra conocereis que el autor era jóven, y estaba poco versado en el arte de componer; pero tiene el mérito de contar los hechos con exactitud, que es lo que buscais. Ya es tiempo de que nos retiremos de la iglesia.

Sí, respondió el ingles; pero antes quiero echar una ojeada á este edificio respetable y al confesonario con

_____

(1) Ninguna historia hace mencion que en ningun caso se haya revelado la confesion, como dice el autor de esta novela.

que habeis excitado tan profundamente mi atencion.

Mientras el ingles miraba las altas
bóvedas y lo interior de aquel vasto
edificio, el asesino salió del confesonario, y atravesó el coro; experimen-
tando el ingles un movimiento de horror, apartó la vista, y salió apresuradamente de la iglesia.

Separáronse los amigos, y el ingles
volvió á su posada, recibió el libro
que le habian ofrecido, y leyó lo
siguiente.

EL CONFESONARIO
DE LOS PENITENTES NEGROS.

———————◆———————

CAPÍTULO PRIMERO.

En el templo de San Lorenzo de Nápoles el año de 1758 vió Vicente Vivaldi por la primera vez á Elena Rosalba. Acompañaba los cánticos sagrados de la iglesia con voz tan dulce y melodiosa, que atrajo toda la atencion de Vivaldi. Tenia cubierto el rostro con un velo; pero el ademan magestuoso, la gracia y la delicadeza que se advertian en su persona, y principalmente el sonido alhagüeño de la voz, inspiraban á Vivaldi una vehemente curiosidad de ver unas facciones que imaginaba debian expresar toda la sensibilidad que anunciaban sus acentos. Estuvo casi absorto sin poder apartar de ella la vista, hasta que concluido el oficio divino se levantó y salió de la iglesia con una muger de edad, á quien daba el brazo, y que al parecer era su madre.

Vivaldi comenzó á seguirlas con la esperanza de ver á Elena sin el velo, y saber la casa en que vivian. Caminaban las dos muy de prisa sin mirar á ninguna parte, y creyó perderlas de vista al volver á la calle de Toledo; pero apresurando el paso las alcanzó en el terrazo nuevo que costea la bahía de Nápoles hasta el paseo grande. Allí se adelantó algunos pasos; pero la hermosa desconocida se mantenia siempre velada, y no hallaba medio de satisfacer su curiosidad.

Una feliz casualidad favoreció su deseo: al bajar las últimas gradas del terraplen tropezó la señora anciana, y al tiempo de llegar Vivaldi apresurado á socorrerla, el aire levantó el velo de Elena, y descubrió una figura mas interesante y hermosa que lo que hubiera podido imaginar. Sus facciones eran de una belleza griega, y expresaban la tranquilidad de una alma pura, al mismo tiempo que sus ojos azules brillaban de ingenio y vivacidad. Estaba tan ocupada en socorrer á su compañera, que no advirtió la admiracion que inspiraba; pero al punto que sus ojos se encontraron con los de Vivaldi, notó la impresion que le causaba; y volvió á echarse el velo con prontitud.

La anciana no se lastimó en la caida; pero como no pudiese andar sin alguna dificultad, Vivaldi aprovechó la ocasion que se le presentaba, y la instó eficazmente para que aceptase el brazo. Lo rehusó al principio dándole gracias; pero renovó sus ofrecimientos con tanto conato y respeto, que al fin los aceptó, y le permitió que las acompañase á su casa.

Durante el camino intentó muchas veces entrar en conversacion con Elena, que le respondia siempre con medias palabras; y buscando medios que la obligasen á romper tan obstinado silencio, se halló á las puertas de la casa, á cuya vista juzgó que las dos señoras eran de una clase honrada y de mediana fortuna. La habitacion era pequeña; pero parecia cómoda y edificada con gusto. Estaba situada en una colina, por un lado cubierta de pinos y palmeras, rodeada por el otro de un jardin y un viñedo, y dominando la bahía de Nápoles. La fachada, cuyo estilo era elegante, se componia de un pórtico pequeño sostenido por columnas de mármol comun, en don-

de se hallaba abrigo contra el ardor del
sol, y se respiraba el aire fresco del mar á
vista de aquellas playas encantadoras.

Vivaldi se detuvo en la pequeña barrera
que daba entrada al jardin, donde la señora anciana le volvió á dar gracias; pero
sin convidarle á entrar. Turbado y abatido, viéndose engañado en sus esperanzas,
permaneció algun tiempo inmóvil con los
ojos fijos en Elena, sin poder retirarse, y
sin saber qué decir para prolongar la visita, hasta que la señora mayor le repitió
la despedida. Cobrando entonces ánimo, la
pidió permiso para enviar á saber de su
salud; y despues de haberle conseguido,
con una mirada expresiva se despidió de
Elena, quien le dió gracias por los obsequios que habia dispensado á su tia. El sonido de aquella voz, y la expresion de la
gratitud, le hacian cada vez mas dificil la
separacion; pero al fin se retiró de aquel
sitio.

Apoderándose entonces de su imaginacion y de su alma las hermosas facciones
de Elena, bajó á la costa, y se mantuvo
cerca de la casa aguardando que se asomase al balcon, en donde una cortina de

seda colgada, moviéndose sosegadamente, parecia que convidaba á gozar la brisa que se levantaba en el mar. Pasó alli algunas horas ya tendido debajo de los pinos, cuyas copas se mecian sobre la orilla, ya corriendo los ribazos que la coronan, y recordando siempre á su imaginacion la sonrisa encantadora de Elena y los dulces acentos de su voz.

Al anochecer se retiró á Nápoles, y entró en el palacio de su padre inquieto y pensativo, pero feliz y satisfecho, fundando esperanzas lisonjeras con el recuerdo de la gratitud que le habia manifestado Elena, pero sin atreverse á formar ningun proyecto para lo sucesivo. Llegó temprano, y acompañó á su madre al paseo; y era tal su ilusion, que en cada uno de los coches que pasaban creia ver el objeto que ocupaba todos sus pensamientos. Su madre, la marquesa de Vivaldi, advirtió su turbacion, y extrañó el silencio no acostumbrado que guardaba: le hizo algunas preguntas con el fin de indagar el motivo de la mudanza que notaba en su hijo; pero sus respuestas no hicieron otra cosa que aumentar la curiosidad de la marquesa, que suspendiendo entonces sus indagaciones, es muy probable que preparase en silencio otros medios mas sagaces de conseguir su designio.

Vicente Vivaldi era hijo único del marques de Vivaldi, de una de las familias mas antiguas del reino de Nápoles, valido del Rey, que gozaba de mucho crédito en la corte, mas por su poder, que por sus dignidades. A la vanidad de su nacimiento reunia el orgullo disculpable de una alma elevada y justa, principio que dirigia su conducta moral, y el zeloso cuidado de conservar y extender las prerogativas de su nacimiento y de su clase, que daba elevacion á su conducta y á sus deseos. Su orgullo era en él al mismo tiempo un vicio y una virtud, una fuerza y una debilidad.

La madre de Vivaldi descendia de una familia tan antigua como la del marques, y daba á su nobleza tanta importancia como su esposo; pero su orgullo se limitaba á su nacimiento y á su clase sin elevar su moral. Era violenta en sus pasiones, altiva, vengativa, y al mismo tiempo artificiosa y falsa, paciente en la ejecucion de sus proyectos, infatigable en proseguir su

venganza contra el que llegaba á ser objeto de su resentimiento: amaba á su hijo,
no tanto con la ternura desinteresada de
una madre, sino como al último vástago
de dos ilustres casas, destinado á perpetuar
la gloria y los honores de una y otra.

El caracter de Vicente se parecia mucho
al de su padre, y muy poco al de su madre; tenia el orgullo generoso y noble del
marques, y algo de la violencia de las pasiones de la marquesa, sin participar nada
de su artificio, de su doblez, ni de su espíritu de venganza. Era franco en sus acciones, ingenuo en sus sentimientos, y tan
delicado en punto de honor, que se agra-
viaba con facilidad; pero una bondad generosa le tenia siempre dispuesto á la indulgencia, y siempre distante de ofender.

Al dia siguiente volvió á Villa Altieri á
informarse de la salud de la señora Bianchi. La alegría, la esperanza y el temor le
agitaban con la idea de ver á Elena; y
aumentándose mas la fuerza de estos sentimientos á proporcion que se acercaba, se
vió obligado á detenerse algun tiempo á la
puerta del jardin á cobrar aliento y serenar su semblante.

TOMO I.							2

Despues de haberse anunciado él mismo á una criada anciana que salió á abrir la barrera, le introdujeron en un pequeño vestíbulo, donde halló á la señora Bianchi devanando seda: estaba sola; pero una silla que habia junto á un bastidor de bordar le hizo creer que Elena acababa de salir de aquel aposento. La señora Bianchi le recibió con urbanidad; pero con reserva, sobre todo en el modo de responder á las preguntas que le hizo acerca de su sobrina, á quien esperaba ver muy pronto. Alargó la *visita* hasta que le faltaron pretextos para permanecer mas tiempo. Despues de haber agotado todos los recursos ordinarios de la conversacion, y cuando el silencio de la señora Bianchi pareció que le daba á entender que esperaba su partida, se despidió de ella desesperado de no haber visto á Elena, y despues de haber conseguido con algun trabajo el permiso de volver á saber de su salud dentro de algunos dias.

Al atravesar el jardin se detuvo muchas veces volviendo á mirar la casa con la esperanza de ver á Elena por entre las celosías, ó de hallarla sentada bajo los hermosos plátanos que cubrian de som-

bra aquella parte del jardin; pero fueron
vanas sus diligencias, y tuvo al fin que dejar
aquel sitio con paso lento y tardo que manifestaba su abatimiento.

Empleó todo el dia siguiente en adquirir
noticias de la familia de Elena, que fueron
poco satisfactorias. Supo que era huérfana,
que vivia con su tia la señora Bianchi, que
su familia era de una nobleza poco ilustre,
cuya fortuna habia decaido, y que no tenia
mas recurso que su tia. En esta parte no le
instruyeron con exactitud, porque la verdad era que Elena alimentaba con el trabajo de sus manos á su anciana tia, cuya
única propiedad era el pequeño retiro en
que vivian, y que gastaba los dias enteros
en obras de bordado, que las religiosas de un
convento inmediato vendian á las señoras
de Nápoles que iban á visitarlas. Vivaldi estaba lejos de pensar que un vestido precioso que tenia su madre era de las manos de
Elena, como tambien muchas copias del
antiguo que adornaban un gabinete del palacio de Vivaldi. Si hubiera sabido estas
circunstancias, se hubiera inflamado mas
una pasion que no era prudencia alimentar
desde que la desigualdad del nacimiento y

de fortuna oponia un obstáculo poderoso á
la union de las dos familias.

Elena podia sufrir la pobreza, pero no
el desprecio; y para alejar de sí el efecto de
las viles preocupaciones en las personas que
la conocian, ocultaba cuidadosamente el
uso que hacia de sus talentos, aunque hon-
raban tanto su caracter. No se avergonza-
ba de su pobreza, ni del trabajo con que
la socorria; pero se abatia su ánimo á la
sonrisa humillante de compasion que los
poderosos conceden alguna vez á la indi-
gencia. Su espíritu no estaba suficientemente fortificado, ni sus ideas eran bastante
extensas para hacerla superior á los desde-
nes del vicio insensato, y para hallar la gloria en la dignidad de la virtud que se basta á sí misma. Nunca conoció á su verdadera madre, que habia perdido en sus primeros años, cuya falta habia suplido la señora Bianchi, á quien cuidaba con paciencia y amor en sus achaques, y á la cual pa-
gaba el afecto de madre con la ternura de
hija.

Asi vivia inocente y venturosa en el retiro, cumpliendo sus piadosos deberes, Elena Rosalba, cuando vio la primera vez á

Vicente Vivaldi, cuya figura no era fácil mirar sin llamar la atencion. La vivacidad de su fisonomía, la dignidad de su exterior, la franqueza y la nobleza de su porte, y un conjunto que anunciaba una alma energica, conmovieron el corazon de Elena; pero evitaba un sentimiento mas tierno que la admiracion, y se esforzaba en apartar de su pensamiento la imagen de Vivaldi, entregándose á sus ocupaciones ordinarias para recobrar la tranquilidad, un poco alterada desde que le habia visto.

Entretanto Vivaldi desolado, porque no habia podido volver á ver á Elena, despues de consumir todo el dia en averiguaciones, que solo le produjeron dudas y temor, se determinó á ir á Villa Altieri luego que la noche ocultase sus pasos con la esperanza de hallar algun consuelo, acercándose al sitio que habitaba el objeto de todos sus pensamientos, y lisonjeándose que alguna feliz casualidad le proporcionaria otra vez el gusto de ver á Elena.

La marquesa de Vivaldi tenia aquella misma noche una reunion grande en su casa. Algunas sospechas, nacidas de la impaciencia que manifestaba su hijo, la obli-

garon á detenerle mucho antes de la noche,
encargándole que escogiese la música para su orquesta, y dirigiese la ejecucion de
una ópera nueva, cuyo autor era su pro-
tegido. Sus reuniones eran de las mas luci-
das y numerosas de Nápoles: la nobleza
que concurria á ellas se hallaba dividida en
dos partidos opuestos, acerca del mérito de
dos compositores, y el concierto de aquella
noche habia de decidir la victoria. Era un
suceso de mucha importancia para la marquesa, empeñada en la reputacion de su
ahijado, tanto como en la suya propia: y
este interes era mucho mayor que el que
podia tener en los gustos y satisfacciones
de su hijo.

En el momento que pudo este salir sin
que lo advirtiesen, dejó la reunion, y em-
bozándose en la capa, se encaminó muy
de prisa á Villa Altieri, que dista muy poco de la ciudad por la parte del Oeste. Llegó sin ser visto; y respirando apenas de
impaciencia, saltó el cercado que cerraba el
jardin, y libre de sujecion, se acercó al objeto de su cariño, y experimentó durante
los primeros instantes una satisfaccion casi
tan viva como la que le habia causado la

vista de Elena; pero luego que pasaron las
primeras impresiones, se debilitó el placer,
y Vivaldi se halló al punto tan solo como
si estuviera separado de ella para siempre
en el mismo sitio en que un momento antes creia casi tenerla delante de sus ojos.

Se adelantaba la noche, y no viendo
ninguna luz en la casa, infirió que se habian acostado, y perdió la esperanza de ver
á Elena. Le era sin embargo tan delicioso
estar cerca de ella, que procuró internarse
mas, penetrando por la parte del jardin in-
mediata á la habitacion, y llegó á la ventana de un gabinete, donde era probable
que estuviese.

Era media noche, y la calma de la naturaleza en vez de alterarse, parecia que
se aumentaba con el golpeo de las olas en
la bahía, y con el ruido sordo del vesubio,
que arrojando por intervalos una llama repentina, alumbraba un momento el horizonte, y le dejaba otra vez sepultado en la
oscuridad. Esta escena imponente convenia al estado del alma de Vivaldi: aguardaba inmóvil y en silencio la repeticion del
bramido del volcan, que llegaba á sus oidos como el murmurio del trueno retum-

bando en el centro de las nubes á larga
distancia. Los intervalos de silencio entre
cada bramido de la montaña, y el que iba
á seguir, imprimian en su alma una especie de terror que tenia sus atractivos. Absorto en sus pensamientos, seguia con la
vista los hermosos contornos de la ribera,
y procuraba distinguir las aguas del mar
del cielo oscuro, pero sin nubes, con el
cual parece que se reunian. Surcaban muchas embarcaciones, que seguian su ruta
en silencio guiadas por la brillante estrella
del polo. El viento era suave, y traia del
puerto una frescura balsámica; movia li-
geramente los altos pinos que coronaban
las laderas vecinas, y no se percibia mas
ruido que el de las olas blandamente agita-
das, y los bramidos débiles del vesubio.

Oye repentinamente á lo lejos el cántico
grave y solemne de una multitud de voces,
que atrae toda su atencion; y conociendo
que es el oficio de difuntos, procura descubrir de qué lado venia el eco; pero el ruido se acercaba, aunque á mucha distancia,
y parecia que se disipaba en el aire, cuya
circunstancia le sorprendió. No ignoraba
que era uso en Italia cantar de este modo

junto al lecho de los moribundos, porque
lo había oido en otra ocasion, y no podia
equivocarse. Estaba escuchando todavía,
cuando llegaron á sus oidos algunos sonidos patéticos que le recordaron los que oyó
á Elena en la iglesia de San Lórenzo. Admirado de esta semejanza atraviesa el jardin, llega al otro lado de la casa, y distingue claramente la voz de la misma
Elena. Cantaba un himno á la Vírgen
acompañándose con un laud, que tocaba
con la expresion mas tierna y delicada.
Permaneció algun tiempo como en éxtasis
sin atreverse á respirar, temiendo perder
un sonido solo de aquel cántico tan dulce
y religioso, que parecia inspirado por una
devocion angélica. Buscando sitio por donde descubrir el objeto de su admiracion,
halló una abertura en medio de una espesura de clemátidas, y vió distintamente á
Elena en un aposento, cuya celosía estaba
abierta para recibir la frescura del aire. Se
levantaba de un reclinatorio donde acababa de orar, y el fervor de la devocion se
manifestaba en su semblante y en sus ojos,
todavía elévados y fijos en el cielo. Tenia
el laud en las manos, aunque no le tocaba,

ocupada en sus pensamientos, y distraída de todos los objetos que la rodeaban. Sus hermosos cabellos estaban recogidos con negligencia en una redecilla de seda, y solamente algunas trenzas sueltas ondeando por el cuello adornaban su bellísimo rostro. El ropage ligero del vestido, su talle y su actitud eran tales, que la hubieran tomado por modelo para pintar una ninfa griega.

Vivaldi estaba dudoso luchando entre el deseo de aprovechar una ocasion, que tal vez no lograria jamas, de declarar su pasion, y el temor de ofender á Elena, presentándose y turbando su retiro en medio de la noche, cuando la oyó arrojar un suspiro, y pronunciar el nombre de Vivaldi con notable dulzura. Con la impaciencia y el deseo de oir si continuaba, apartó las ramas de la clemátida, y al ruido miró Elena; pero no vió á Vivaldi, que estaba todavía oculto con el follage. Acercóse ella entonces á cerrar la celosía, y Vivaldi, incapaz de contenerse mas tiempo, se descubrió. Quedóse Elena pálida é inmóvil un momento; cerró la celosía presurosa y temblando, y salió de su aposento, dejando á Vivaldi desolado al ver desvanecerse todas sus esperanzas.

Despues de haber vagado algun tiempo
en el jardin sin percibir ninguna luz en la
casa, y sin oir el menor rumor, tomó tristemente el camino de Nápoles. Comenzó entonces á preguntarse á sí mismo lo que de-
biera haberse preguntado antes: ¿ por qué
habia buscado el peligroso gusto de volver
á ver á Elena, despues de saber que la desigualdad de su nacimiento impediria siempre á sus padres que consintiesen en su
union con la que amaba?

Caminaba absorto en este pensamiento,
unas veces resuelto á no ver jamas á Elena,
y otras desechando una idea que le deses-
peraba, cuando despues de haber pasado
por debajo de una bóveda, que era parte de
un edificio antiguo, cuyas ruinas llegaban
hasta el camino, cruzó por delante de él
una persona con hábito religioso, cuyo
rostro ocultaba la capucha y la oscuridad
de la noche. Le llamó por su nombre, y le
dijo: "se observan tus pasos; guárdate de
volver á Villa Altieri." Al pronunciar estas palabras, desapareció antes que Vivaldi
pudiese poner mano á la espada, y pedir la
explicacion de lo que acababa de decirle.

Llamó muchas veces en alta voz al desconocido, rogándole que se manifestase, y esperó largo tiempo; pero la vision no se renovó.

Vivaldi entró en su casa sorprendido de este accidente, y atormentado de zelos, porque despues de haberse consumido en conjeturas, fijó su pensamiento en que el aviso que le habian dado era de un rival, y que el peligro con que le amenazaban, era el puñal de los zelos. Esta persuasion le descubrió á un tiempo la violencia de su pasion, y la imprudencia con que se habia entregado á ella. Sin embargo, estas reflexiones, lejos de obligarle á recobrar algun imperio sobre sí mismo, no hicieron mas que causarle un tormento que todavía no habia experimentado, y se resolvió á todo riesgo á declarar su amor, y pedir la mano de Elena. El desgraciado jóven ignoraba los infortunios en que habia de precipitarle esta resolucion.

A su llegada al palacio, supo que su madre habia advertido su ausencia, que habia preguntado por él muchas veces, y habia dado orden para que la avisasen cuando volviese. Estaba ya acostada, y el marques, que habia acompañado al Rey á una casa de campo en la bahía, llegó poco despues que su hijo, y al paso le miró con una severidad que no acostumbraba; pero evitando hablarle de modo que pudiese conocer la causa de su disgusto, se retiró despues de una breve conversacion.

Vivaldi encerrado en su aposento, se puso á deliberar, si puede llamarse deliberacion una lucha de pasiones en que el juicio no tiene parte. Se paseaba á largos pasos atormentado con la memoria de Elena, inflamado de zelos, y sobresaltado con las resultas del paso imprudente que iba á dar. Conocia bien las opiniones de su padre y el caracter de su madre, para persuadirse que pudieran permitir y perdonar jamas el enlace que meditaba; pero cuando consideraba que era hijo único, llegaba á creer que lograria aplacarlos. Interrumpia estas reflexiones el temor de que Elena hubiese ya dispuesto de su corazon en favor de un rival imaginario: otras veces se tranquilizaba recordando el suspiro y la ternura con que habia pronunciado su nombre. Por otra parte, suponiendo que ella aprobase su pretension, ¿cómo se atreveria á pedir

su mano, y qué seguridad la daria cuando
la declarase que no podia casarse sino en
secreto? Estaba persuadido que no querria
entrar en una familia que desdeñaria recibirla, y esta idea le sumergia de nuevo en
la desesperacion.

La luz del dia le halló tan agitado como
habia estado durante la noche. Resolvió sin
embargo sacrificar el orgullo de su nacimiento, que miraba entonces como una
preocupacion, á una eleccion que habia de
asegurar la felicidad de su vida. Pero antes de declararse á Elena, le pareció necesario saber con seguridad si le estimaba, ó
conocer á su rival si le tenia.

Mas fácil era desear esta explicacion que
conseguirla; porque el respeto que Vivaldi
profesaba á Elena, el temor de ofenderla,
y el riesgo de que sus padres descubriesen
su pasion antes de saber si ella le correspondia, oponian á esta indagacion grandes
dificultades.

En esta confusion abrió su corazon á un
amigo que merecia habia mucho tiempo su
confianza, y á quien pidió consejo con mas
sinceridad y docilidad que se acostumbra
en semejantes ocasiones. No queria conse-

guir la aprobacion de lo que tenia resuelto, sino un juicio imparcial de un sugeto á
quien miraba como a sí mismo.

Bonarmo, aunque poco á propósito para
servir de guia ni de consejero, no tuvo reparo en darle su parecer. Propuso como un
medio de conocer el ánimo de Elena, darla una serenata al uso del pais. Aseguraba
que si no aborrecia á Vivaldi, aprobaria
con alguna señal aquel festejo; y que si era
lo contrario, permaneceria oculta y en silencio. Vivaldi desaprobó este modo grose-
ro, como insuficiente para expresar un
amor tan delicado como el suyo. Tenia buena opinion de la grandeza de alma y de la
delicadeza de Elena, y no creia que el fu-
til homenage de una serenata pudiese lison-
jearla ni interesarla en su favor, y aun
cuando asi fuese, no pensaba que manifestase sus sentimientos con ninguna señal de
aprobacion.

Bonarmo ridiculizó aquellos escrúpulos,
llamándolos delicadeza caballeresca, que la
ignorancia en que se hallaba Vivaldi todavía de las cosas del mundo podia solamente disculpar. Vivaldi contuvo sus chanzas,
manifestándole que no sufriria que se habla;

se de su pasion ni de Elena en aquel estilo.

Bonarmo insistió sin embargo en la serenata, y Vivaldi, vencido por las dificultades que encontraba en emplear otros medios, mas bien que persuadido de las razones de su amigo, consintió en dar á la noche la serenata, no porque esperase buen éxito, sino por salir de incertidumbre y calmar su agitacion.

Ocultaron los instrumentos debajo de las capas; cubriéronse cuidadosamente el rostro, y marcharon en silencio á Villa Altieri. Habian pasado ya la bóveda donde detuvo á Vivaldi la noche precedente el desconocido, cuando oyeron ruido cerca, y alzando Vivaldi los ojos, percibió la misma figura que habia visto la víspera. No habia tenido todavía tiempo para gritar, cuando el desconocido le dijo: "no vayas á Villa Altieri, porque hallarás alli la suerte que debes temer."

¿Qué suerte, dijo Vivaldi retrocediendo horrorizado? habla; pero el fraile habia desaparecido, y la oscuridad de la noche impedia observar por dónde.

¡Dios nos asista! exclamó Bonarmo: esto es sobrenatural. Volvámonos á Nápoles; es preciso obedecer este segundo aviso.

¡Ah! dijo Vivaldi: este lance me aterra. ¿Por dónde ha ido?

Ha pasado junto á mí como un rayo, dijo Bonarmo, y ha desaparecido antes de poder divisarle.

Quiero arriesgarlo todo, dijo Vivaldi. Si tengo un rival, es mejor que yo le busque inmediatamente: vamos.

Bonarmo le hizo presente el peligro que corria en una empresa tan aventurada. Es evidente, le dijo, que tienes un rival; pero ¿qué puede tu valor contra espadachines pagados? Vivaldi replicó: si temes el peligro, yo iré solo.

Ofendido Bonarmo de esta reconvencion, acompañó á su amigo sin hablar palabra hasta Villa Altieri; y Vivaldi, pasando por el sitio que habia reconocido la noche precedente, llegó sin trabajo al jardin.

¿En dónde estan, preguntó Vivaldi á su amigo, esos valientes con quienes me has querido intimidar?

Habla bajo, replicó Bonarmo, porque quizá estamos á cuatro pasos de ellos.

Bien: ellos estarán á cuatro pasos de nosotros, respondió Vivaldi.

En fin, los dos aventureros llegaron al naranjal inmediato á la casa, y cansados del camino, se sentaron allí á tomar aliento y preparar los instrumentos, gozando al mismo tiempo la serenidad de la noche.

A poco rato oyeron las voces confusas de una multitud de personas, y vieron iluminarse repentinamente el cielo con fuegos artificiales en celebridad del nacimiento de un príncipe de la familia real. Infinito número de cohetes se elevaba en la orilla occidental de la bahía, á una altura inmensa. Su resplandor disipaba de pronto la oscuridad de la noche, y alumbraba los rostros de la multitud, las aguas de la bahía, los barcos que volaban por su superficie, la magnificencia de la costa, la rica ciudad de Nápoles, sus azoteas cubiertas de espectadores, y el paseo lleno de coches, y resplandeciente con las inumerables antorchas que ardian.

Mientras Bonarmo admiraba aquel espectáculo, Vivaldi no apartaba la vista de la casa de Elena, esperando que los fuegos artificiales la obligarían á salir al balcon; pero no pareció, ni se vió en toda la casa luz ni señal alguna de que se asomase.

Estando sentados debajo del naranjal, oyeron ruido entre las ramas, como el que hace una persona que las aparta para pasar. Vivaldi preguntó: ¿quién va?... La respuesta fue un largo silencio.

Nos observan, dijo Bonarmo; y acaso en este momento estamos bajo el puñal de los asesinos: alejémonos de este sitio.

¡Pluguiese á Dios, exclamó Vivaldi, que mi corazon estuviera tan resguardado de los tiros del amor, que conspira contra mi reposo, como el tuyo lo está de los golpes de esos valientes que temes! Amigo mio, bien se conoce que no tienes en este caso ningun interes, cuando tu alma deja tan facil acceso al temor.

Mi temor es hijo de la prudencia, y no de la cobardía, replicó Bonarmo con prontitud. Tú experimentarás acaso que no le conozco en el momento en que desearias que no estuviese libre de él.

Te comprendo, dijo Vivaldi; concluyamos el negocio á que venimos, y si crees que te he insultado, estoy pronto á darte satisfaccion.

¿Y acaso piensas reparar la injuria que has hecho á la amistad, derramando la sangre de tu amigo?

¡Oh! jamas, jamas, exclamó Vivaldi abrazando á Bonarmo.

Perdona mi inconsiderada violencia á la agitacion de mi alma.

Bonarmo le abrazó tambien. Basta, le dijo, no hablemos mas de esto: todavía estrecho mi amigo á mi corazon.

En esta conversacion se levantaron, se acercaron á la casa, y se colocaron debajo del balcon que caia encima de la ventana, por donde Vivaldi habia visto á Elena la noche anterior. Alli templaron los instrumentos, y empezaron la serenata con un duo.

La voz de Vivaldi era un hermoso tenor, y la misma sensibilidad que le apasionaba á la música, le inspiraba modos de canto de extremada delicadeza, y daba á un tiempo á su voz la expresion mas sencilla y mas patética. En aquel momento una especie de entusiasmo le inspiró la mas alta elocuencia, á que tal vez la música es capaz de llegar; pero no pudo juzgar qué efecto habia producido en Elena, porque no se asomó al balcon ni á la celosía, ni dió la menor señal de aplauso ni aprobacion. Ninguna otra voz habia interrumpido el silencio de la noche, ni luz ninguna disipado su oscuridad. Solamente en uno de los intervalos de silencio, Bonarmo imaginó oir cerca de él gentes que hablaban con grande precaucion; pero escuchando atentamente, no pudo asegurarse de la verdad. Vivaldi defendia que aquel ruido no era otra cosa que el murmurio confuso de las gentes esparcidas por las calles de la ciudad; pero no logró persuadírselo á Bonarmo.

No habiendo conseguido atraer la atencion con la primera tentativa, pasaron los músicos á la parte opuesta de la casa, y se colocaron enfrente del pórtico, pero sin fruto; y despues de emplear de nuevo todos los recursos de la armonía y todos los de la paciencia durante una hora, perdieron la esperanza de triunfar de la insensible Elena. Vivaldi, aunque estaba persuadido de que no la veria, sintió un dolor tan vivo del mal éxito, que temiendo Bonarmo las resultas de su despecho, se esforzó á persuadirle que no habia ningun rival, con tanto calor como habia empleado antes en sostener que tenia uno.

Al fin dejaron el jardin, y Vivaldi se retiró jurando que no descansaria hasta descubrir al desconocido, que se habia propuesto el inhumano placer de destruir su felicidad, y obligarle á declarar sus oscuras advertencias. Bonarmo le pintaba sin cesar la imprudencia y la dificultad de semejante averiguacion, añadiendo que de este modo publicaria infaliblemente una pasion que temia tanto que se llegase á descubrir.

Vivaldi se opuso á todas estas advertencias. Veremos, dijo, si ese demonio vestido de fraile me persigue de nuevo en el camino. Si se presenta no se escapará; y si no parece, esperaré que vuelva con la misma constancia que me ha esperado á mí. Me ocultaré entre esas ruinas aunque me cueste la vida.

Sorprendió particularmente á Bonarmo la vehemencia con que pronunció estas últimas palabras; pero no se opuso á su designio: únicamente le rogó que considerase que no estaba bien armado; porque aqui, añadió, necesitas armas, aunque te hayas pasado sin ellas en Villa Altieri, y acuérdate que el desconocido te ha dicho que te siguen los pasos.

Tengo la espada, dijo Vivaldi, y la daga que acostumbro. Pero tú ¿ qué armas traes?

Calla, dijo Bonarmo, al pasar junto á una roca pendiente sobre el camino, que nos acercamos al sitio: aquella es la bóveda. Se divisaba en efecto entre la oscuridad como en perspectiva entre dos montañas cortadas á pico. En la cima de una de ellas se veian todavía las ruinas de una antigua fortaleza del tiempo de los romanos, y en la otra una multitud de pinos y encinas que cubrian la roca desde el pie hasta la punta.

Caminaban de prisa y en silencio, mirando con desconfianza á todos lados, y esperando á cada instante que saliese el fraile de entre las rocas; pero llegaron á la bóveda sin ningun obstáculo. Ya estamos aquí antes que él, dijo Vivaldi. Habla bajo, amigo mio, respondió Bonarmo; puede haber mas gentes que nosotros entre esta oscuridad.... No me gusta este sitio.

¿ Qué otros hombres que nosotros podian escoger un retiro tan triste, dijo Vivaldi, sino algunos salteadores? Un sitio tan agreste conviene á su humor, y tambien conviene mucho al mio en este momento.

Sí, dijo Bonarmo, puede convenir á su humor y á sus designios. Retirémonos de esta oscuridad, y salgamos al camino abierto, en donde veremos mejor lo que pase junto á nosotros.

Vivaldi le replicó que en el camino los observarían tambien á ellos con mas facilidad. Y si el desconocido que me persigue, añadió, nos ve primero, se malogra nuestro intento, porque podrá caer de improviso sobre nosotros, ú ocultarse enteramente si teme que nos apoderemos de él.

Al decir estas palabras, Vivaldi se arrimó á la pared hácia el medio de la bóveda junto á una escalera abierta en la roca que conducia al fuerte, y su amigo se colocó á su lado. Despues de un rato de silencio, durante el cual Bonarmo meditaba, y Vivaldi observaba por todas partes con impaciencia, ¿crees realmente, le dijo aquel, que conseguiremos agarrarle? Ha pasado junto á mí con extraordinaria rapidez, y en ese hombre hay alguna cosa sobrenatural.

¿Qué infieres tú de eso, le preguntó Vivaldi?

Infiero que se apodera de mí la superstición. Este sitio es contagioso, infesta mi espíritu con sus tinieblas, y me parece que en este momento soy capaz de temerlo todo, y creerlo todo. Confiesa, continuó Bonarmo, que su aparicion tiene circunstancias muy extraordinarias. ¿Cómo ha sabido tu nombre, que pronunció cuando te se presentó la primera vez? ¿Cómo ha sabido de dónde venias, y á dónde ibas? Qué magia le ha instruido de tus proyectos?

Tampoco, respondió Vivaldi, estoy cierto de que los sepa; pero si es asi, no necesita para ello valerse de medios sobrenaturales.

Lo que acaba de sucedernos en Villa Altieri debe convencerte, replicó Bonarmo, de que conoce tus intentos... porque ¿juzgas tú posible que Elena hubiera sido insensible á tus obsequios, si su corazon no amase á otro, y que no se hubiera asomado á la celosía.

No conoces á Elena, dijo Vivaldi, y por esó te perdono la pregunta. Sin embargo, es cierto que si hubiera estado dispuesta á escucharme, alguna señal de aprobacion.... calló sin decir mas.

El desconocido, dijo Bonarmo, te ha prevenido que no vayas á Villa Altieri: parece que sabia el recibimiento que te esperaba, y el peligro que has evitado hasta ahora felizmente.

¡Ah! sí: lo sabia, y él es el rival que debo temer. Se ha disfrazado de esa manera para engañar sin riesgo mi credulidad, y estórbar que continúe mis proyectos.... Me veo obligado á ocultarme vergonzosamente para esperarle y acecharle como á un asesino.

Por Dios, dijo Bonarmo, modera esos arrebatos: considera el sitio en que nos hallamos: tu sospecha es inverosímil; á las cuales añadió varias razones que convencieron á Vivaldi, y contribuyeron á que permaneciese mas tranquilo.

Ya habian pasado de este modo en la emboscada un tiempo considerable, cuando Bonarmo percibió un bulto cerca de la entrada de la bóveda por el lado de Villa Altieri. No oyó pisadas; pero vió colocarse una especie de sombra á la entrada de la bóveda, por donde penetraba la luz del crepúsculo de aquel hermoso clima. Vivaldi, que estaba mirando hácia el lado de Nápoles, no percibia el objeto que llamaba la atencion de Bonarmo. Desconfiado este de la precipitacion de su amigo, juzgó que era mas prudente observar los movimientos del desconocido, y asegurarse si realmente era el fraile. La estatura de la figura, y el ropage que la cubria, le persuadió al fin que era el mismo sugeto que esperaba Vivaldi. Asió entonces á este por el brazo para que dirigiese la vista hácia aquel objeto, y en el mismo instante adelantándose la figura por lo interior de la bóveda, desapareció en la oscuridad; pero habia ya comprendido Vivaldi la señal de su amigo y su expresivo silencio. Sin embargo, no oyeron ruido de pisadas; y convencidos de que el desconocido no habia salido de la bóveda, guardaron su puesto en un profundo silencio. Pero luego oyeron cerca de ellos el ruido de un vestido talar; y Vivaldi, incapaz de contenerse mas tiempo, salió al medio de la bóveda con los brazos abiertos para cortar el paso, y preguntó: ¿quién va?

Cesó el ruido, y ninguno respondió. Sacó entonces Bonarmo la espada, protestando que iba á tirar tajos y reveses hasta dar con la persona que se ocultaba; pero que si se presentaba, no le haria ningun daño. Vivaldi confirmó esta promesa; pero no recibieron respuesta ninguna. Continua-

ron escuchando, y les pareció oir pasar uno
junto á ellos. El paso en efecto no era tan
estrecho que pudiesen cerrarle enteramente. Vlvaldi se adelantó hácia donde sonaba
el ruido, pero no vió salir ninguno de lá
bóveda por el lado de Nápoles, donde el
crepúsculo mas fuerte le hubiera descubierto facilmente.

No hay duda, dijo Bonarmo, que alguno ha pasado por aqui, y creo haber oido
pisadas en la escalera que conduce al fuerte.

Sigámosle, dijo Vivaldi, y empezó á subir. = Espera por Dios, exclamó Bonarmo:
considera lo que emprendes, y no te ex-
pongas entre estas ruinas con tanta oscuridad: no persigas al asesino en su caver-
na. = Es el mismo fraile, respondió Vivaldi, sin dejar de subir.... no se me irá.

Bonarmo se detuvo un momento al pie
de la escalera, dudando el partido que habia de tomar; pero viendo que su amigo
seguia adelante, se avergonzó de dejarle
solo abandonado al riesgo, y subió, no sin
trabajo, las gradas usadas de la escalera.

Luego que llegó á la cima de la roca se
halló en un terrado que cubria la parte superior de la bóveda, que dominando el ca-

mino por ambos lados, guardaba el desfiladero. Algunos restos de murallas y alme-
nas indicaban su antiguo uso, y conducia
á una torre casi escondida entre un pinar
espeso que coronaba la montaña. La plataforma parecia haber servido, no solamente para dominar el camino, sino tambien
para unir una con otra las dos partes opuestas del desfiladero, y para establecer la co-
municacion del fuerte con los otros puestos.

Bonarmo procuró en vano descubrir á
su amigo: le llamó, y solo respondieron los
ecos de las rocas. Despues de dudar algun
tiempo si entraria en el recinto del edificio
principal, ó en la torre, se determinó por
lo primero, y penetró en un espacio cubierto de ruinas y cercado de murallas que seguian la falda de la montaña. La ciudade-
la era una torre redonda, inmensa, elevada
y fuerte, que con algunos arcos arruina-
dos, eran los únicos restos de aquella importante fortaleza, exceptuando las ruinas
de otro antiguo edificio en la cima de la
montaña, cuya forma antigua y uso no
podia reconocerse con facilidad.

Bonarmo entró en el recinto de la torre
grande; y detenido por la oscuridad que allí

reinaba, no se atrevió á pasar mas adelante: se contentó con llamar á Vivaldi á gritos, y se volvió á la plataforma.

Al acercarse á un monton de ruinas, creyó oir los débiles ecos de una voz humana; y mientras escuchaba con atencion é inquietud, vió salir de entre las ruinas un hombre con la espada en la mano, que era Vivaldi.

Bonarmo corrio á él, y le halló pálido y sin aliento. Pasaron algunos instantes primero que pudiese hablar, ni escuchar las repetidas preguntas que le hacia su amigo.

Dejemos este sitio, dijo Vivaldi. = De buena gana, respondió Bonarmo; ¿pero de dónde sales? ¿Qué has visto que te ha sobrecogido de este modo? = Nada me preguntes: salgamos de aqui.

Bajaron de la roca, y luego que se hallaron en la bóveda, le preguntó Bonarmo, si iban á quedarse de centinéla. No, respondió Vivaldi con un tono que aterró á su amigo; y volvieron á tomar el camino de Nápoles. Bonarmo renovó sus preguntas, tan admirado de la reserva que guardaba Vivaldi, como curioso é inquieto por saber lo que habia visto.

¿Era el fraile? le preguntó. ¿Le cogiste al fin? = No sé qué pensar, respondió Vivaldi: estoy en mayor perplejidad que nunca. = ¿Te se ha escapado? = Otra vez hablaremos de eso; pero sea lo que quiera, este negocio no puede quedar así. Volveré mañana con una hacha de viento.... ¿Tendrás valor para seguirme? No sé si debo hacerlo hasta saber cuál es tu designio. = No te obligo; pero ya no le ignoras. = ¿Has conocido á ese hombre? ¿Tienes todavía alguna duda? = Tengo dudas que disipará la próxima noche.

Eso es muy extraño, replicó Bonarmo: no hace un momento que he sido testigo del horror con que has salido de la fortaleza de Paluci, y ya hablas de volver.... ¿Y por qué de noche? ¿Por qué no ha de ser de dia, que es menor el peligro?

Me importa poco ese peligro; pero advierte que la luz del dia nó penetra nunca en el sitio donde he estado; á cualquiera hora que se vaya es necesario llevar hachas para entrar.

¿Y cómo, replicó Bonarmo, has hallado el camino en una total oscuridad? = Me empeñé en seguir sin saber á donde iba, y como conducido por una mano invisible.

Siempre debemos ir de dia, repitió Bonarmo, aunque necesitemos otra luz, y yo te acompañaré; pero seria una temeridad volver segunda vez á un parage, probablemente infestado de ladrones, y á la hora mas favorable á sus intentos.

Quiero observar de nuevo debajo de la bóveda, dijo Vivaldi, antes de emplear los últimos recursos; y esto no puede hacerse sino de noche, y á la hora de encontrar alli al fraile.

¿Luego te se ha escapado, dijo Bonarmo, é ignoras todavía quién es? Vivaldi solo respondió á su amigo, preguntándole si estaba determinado á seguirle, para de lo contrario buscar otro; y Bonarmo le dijo, que lo pensaria y le responderia á tiempo.

Al acabar esta conversacion se hallaron en Nápoles á la puerta del palacio de Vivaldi, en donde se separaron.

CAPÍTULO II.

No habiendo Vivaldi conseguido alcanzar al fraile para obligarle á que le explicase sus amenazas, resolvió librarse del tormento que padecia, declarando sus intenciones á Elena, que no dejaria de darle á conocer su rival, si acaso tenia alguno. Al dia siguiente por la mañana fue á Villa Altieri, preguntó por la señora Bianchi, y una criada anciana le contestó que no recibia visitas. Instó de nuevo, y á fuerza de súplicas, logró que le permitiese entrar y aguardar á la señora Blanchi en un aposento, que era el mismo en que habia visto á Elena.

¡Cuál fué su agitacion en aquel corto tiempo! El reclinatorio en que la habia visto orar, el laud, los muebles de la habitacion, cuantos objetos veia, pintaban á su imaginacion la presencia de Elena, y las mismas flores que hermoseaban y perfumaban el aposento, alimentaban su ilusion. Advirtió un dibujo bosquejado de una ninfa bailando, copia de las pinturas del Herculano, que expresaba ya el espíritu y el genio del original. Parecia que se movia, y toda la figura desplegaba la gracia y la ligereza. Conoció que pertenecia á una coleccion del mismo género que adornaba el gabinete de su padre, á quien habia oido decir que solo él habia logrado permiso del

Rey para mandarla copiar. De tal manera creció su turbacion, que temeroso de no poderla ocultar, estuvo resuelto muchas veces á salir de la casa. Llegó en fin la señora Bianchi, que le recibió con notable reserva, y Vivaldi, sin poder hablar ni moverse, tardó muchos momentos en manifestar el objeto de su visita. Escuchó con frialdad y con semblante adusto las protestas que la hizo de su pasion á Elena, y cuando la instó á que intercediese con su sobrina en favor suyo, le respondió: yo no puedo ignorar la aversion que ha de tener vuestra familia en unirse á la mia, porque sé la importancia que el marques y la marquesa de Vivaldi dan á la superioridad de su nacimiento; y nuestro proyecto les ha de desagradar infinito, si no le ignoran. Pero yo debo manifestaros, que aunque mi sobrina sea inferior en calidad, no aprecia menos que ellos la opinion de su mérito.

Vivaldi era incapaz de disfrazar la verdad; pero no se atrevia á confesar con facilidad las disposiciones de su familia. Sin embargo, la ingenuidad con que la habló, y la energía de una pasion, demasiado enérgica para no ser elocuente y persuasi-

va, suavizaron poco á poco á la señora
Bianchi, ademas de otras consideraciones
que contribuyeron á esta mudanza. Se veia
por su edad y sus achaques, y segun el cur-
so de la naturaleza, próxima á dejar á Elena húerfana, jóven, sin parientes ni amigos, y con una hermosura superior y poco
conocimiento del mundo, expuesta á grandes peligros que se presentaban á su imaginacion bajo el aspecto mas horroroso. Estas circunstancias pudieran disculpar que
atropellase los miramientos que deben res-
petarse en otra situacion, porque no podia
dejar de asegurar á su sobrina la proteccion de un hombre de honor, dándosele por
esposo. Si no atendia en esto á la delicadeza que se oponia á que entrase Elena en
una familia sin saberlo los padres de su
nuevo esposo, el cariño que la profesaba la
disculpaba de la censura á que se exponia.

Pero antes de determinar este asunto,
debia asegurarse si Vivaldi era digno de
su confianza; y para experimentarle, alentó
un poco sus esperanzas, rehusando absolutamente dejarle ver á Elena hasta que hubiese reflexionado con madurez el proyecto
que meditaba. A todas las preguntas que la
:

hizo para saber si tenia un rival, y si Elena
se inclinaba á corresponderle, le dió respuestas evasivas sin infundirle esperanzas
que tal vez en lo sucesivo se veria obligada
á desvanecer.

En fin, Vivaldi se despidió algo mas
consolado, aunque solo con ligeras esperanzas, é ignorando si tenia rival, y si Elena le profesaba algun afecto y estimacion.

Habia logrado de su tia permiso para ir
á verla el dia siguiente; y pareciéndole
imposible soportar tanta dilacion, iba imaginando medios de abreviarla, cuando llegó á la bóveda fatal: buscó con la vista á
su misterioso enemigo; y no habiéndose
presentado, prosiguió su camino determinado á volver aquella noche á la bóveda y
á Villa Altieri, en donde esperaba con otra
nueva visita calmar un poco sus inquietudes.

Luego que llegó al palacio, le dijeron
que su padre habia mandado que le aguar-
dase; pero acabó de pasar el dia sin que
volviese. Cuando la marquesa le vió, le
preguntó arrojándole una mirada expresiva, la causa de haber venido tan tarde la
víspera, y desbarató todos sus proyectos

para aquella noche, mandándole que la
acompañase á Portici. Este contratiempo le
impidió saber si Bonarmo se habia resuelto
á volver á las ruinas de Paluci y á Villa
Altieri.

Pasó tambien la noche siguiente en Portici, y á su vuelta á Nápoles, como estuviese todavía ausente el marques, no pudo
saber lo que queria decirle; pero halló un
billete de Bonarmo negándose á acompañarle á la fortaleza, y disuadiéndole de
proseguir una empresa tan arriesgada.

Faltándole compañero para ejecutar su
proyecto de visitar de nuevo las ruinas de
Paluci, lo difirió para el dia siguiente; pero
ninguna consideracion pudo impedirle que
fuese á Villa Altieri; y desdeñando instar
al amigo de quien habia ya sufrido un
desaire, tomó su laud, marchó solo, y llegó
al jardin mas temprano que los dias anteriores.

Hacia ya mas de una hora que se habia
puesto el sol; pero todavía conservaba el
horizonte hácia el poniente un calor ama-
rillo brillante, y la bóveda del cielo una
especie de transparencia, que no se conoce sino en aquel clima encantador que

parece que derrama la luz suave del crepúsculo sobre el mundo adormecido. Al
sudeste se divisaba en el horizonte el monte Vesubio; pero el volcan permanecia en
silencio, y solamente se oian los gritos de
los lazarones jugando y disputando á alguna distancia de la costa.

Por entre las celosías de un pequeño
pabellon del naranjal, percibió una luz, y
al momento concibió una esperanza irresis-
tible de ver á Elena. En vano dudó sobre
el paso que iba á dar; en vano reflexionó
que era indecente perseguirla de aquel modo hasta en su retiro, y espiar sus secretos
pensamientos, porque la tentacion era demasiado fuerte para ceder á estas consideraciones. No le detuvieron mas que un momento; y acercándose al pabellon, se colocó en frente de una celosía que estaba abierta, ocultándose entre las ramas y hojas de
un naranjo. Elena estaba sola, sentada, en
actitud pensativa con el laud en la mano,
y distraida de todos los objetos que la rodeaban. Su fisonomía y sus tiernas miradas indicaban que su alma se hallaba ocupada con pensamientos interesantes. Acordándose entonces Vivaldi que en otra oca-

sion semejante la habia oido repetir su nombre, recobró la confianza, y ya iba á descubrirse y arrojarse á sus pies, cuando pronunció estas palabras que le contuvieron.

¡Este insensato orgullo del nacimiento es una quimera, una preocupacion enemiga de nuestra felicidad! No, jamas me determinaré á enlazarme con una familia que desdeñaria recibirme entre los suyos. Sabrá á lo menos que heredé de mis padres alma y pensamientos nobles.... sin embargo, ¡ó Vivaldi! esta desventurada preocupacion....

Al oir Vivaldi estas palabras, se quedó inmóvil y absorto, hasta que el sonido del laud y la voz de Elena le volvieron en sí. Comenzó á cantar la primera copla con que él habia principiado la serenata, y aplicando la misma música, lo hizo con todo el gusto y expresion que pudo tener el compositor al producirla.

Se detuvo despues de la primera copla, y Vivaldi, arrastrado del deseo de manifestar su pasion en ocasion tan favorable, cantó la segunda acompañándose con su laud. El temblor que le sobrecogia, impidiendo el desarrollo de su voz, hacia su cántico mas patético.

Elena le conoció al instante: se puso pálida y encendida alternativamente, y antes de acabar la copla, estaba casi enteramente desmayada. Vivaldi entretanto se dirigia al pabellon, y al acercarse recobró ella los sentidos, le mandó que se retirase, y se hubiera alejado de aquel sitio si no la hubiera detenido implorando un momento de atencion.

Es imposible, dijo Elena. = Decidme solamente que no me aborreceis: decidme que la osadía que he tenido de presentarme á vos, no me ha hecho perder los sentimientos con que acabo de oir que me honrais.

¡Ah! olvidad, dijo Elena, lo que habeis oido: no supe lo que decia.

¡Hermosa Elena! ¿juzgais que lo olvidaré jamas? Este recuerdo será siempre el consolador de mi soledad y la esperanza que me sostendrá...

No puedo permanecer aqui mas tiempo, repuso Elena: me pesará eternameute haber dado lugar á esta conversacion. = Pero al decir estas últimas palabras, dejó escapar una mirada y una sonrisa que las desmentian. Vivaldi creyó mejor en estas señales que en las palabras; y cuando iba á expresarla toda su alegría, se salió ella apresurada del pabellon. Quiso seguirla al jardin; pero se ocultó entre los árboles, y entró en la casa antes que pudiese alcanzarla.

Desde aquel momento tomaba Vivaldi otra nueva existencia, y el mundo entero le parecia la morada de la felicidad. La sonrisa de Elena quedó impresa para siempre en su corazon, y arrebatado de gozo, creyendo imposible que le alcanzase jamas el infortunio, desafiaba á la fortuna misma y á sus mudanzas.

No estaban en casa sus padres, y tuvo tiempo sobrado para abandonarse deliciosamente á sus dulces memorias. Pasó toda la noche en su aposehto en una violenta agitacion; pero diferente de la que le habia causado la incertidumbre de los sentimientos de Elena algunos dias antes. Escribió, corrigió, rompió, y volvió á escribir infinitas cartas: en unas temia haberse excedido; otras le desagradaban por no haber dicho mas: ya recordaba los pensamientos que debia emplear, ya detestaba la debilidad de su lenguage, y otras veces, en fin, le parecia que ningun idioma era capaz de expresar la pasion que le agitaba.

Sin embargo, al amanecer habia conseguido escribir una carta de que estaba un poco mas satisfecho, y se la entregó á un criado de confianza para que la llevase á Villa Altieri; pero apenas habia salido el portador, cuando le ocurrieron ideas y expresiones nuevas que pintarian mejor su pasion, y hubiera querido recoger la carta á todo riesgo para corregirla.

En este estado de agitacion se hallaba cuando le avisaron que le llamaba su padre, y Vivaldi no tardó en adivinar lo que tenia que decirle.

He querido hablarte, le dijo el marques con firmeza y severidad, acerca de un asunto de la mayor importancia para tu honor y felicidad; y he querido al mismo tiempo proporcionarte ocasion de desmentir una noticia que me causaria mucha pesadumbre si hubiera podido creerla. Finalmente, tengo formada una opinion demasiado buena de mi hijo para dar crédito á lo que me han contado. He asegurado tambien que tú conoces perfectamente lo que debes á tu familia y á tí mismo, para llegar á un extremo deshonroso para ella y para tí. Mi objeto en esta conversacion se reduce solo á darte lugar para refutar la calumnia con que te han infamado, y á que me autorizes tú mismo para desengañar á las personas que me han hablado de tí en estos términos.

Vivaldi, que habia escuchado con impaciencia el fin de este exordio, rogó á su padre que le manifestase el asunto de la noticia que le habian contado.

Me han dicho, replicó el marques, que una joven llamada Elena Rosalba.... ¿conoces á alguna persona de este nombre?

¡Sí la conozco! exclamó Vivaldi; pero perdonad, señor: tened la bondad de continuar.

El marques se detuvo un momento mirando á su hijo con severidad; pero sin admiracion.

Dicen que una joven de este nombre ha logrado seducirte. Es verdad, señor, replicó Vivaldi, que la señora Elena Rosalba me ha inspirado un tierno afecto; pero no ha empleado para esto ningun artificio ni diligencia.

No quiero que me interrumpan, dijo el marques, interrumpiendo él á su hijo. Dicen que auxiliada de una parienta con quien vive, se ha conducido con tal arte, que te ha reducido hasta el extremo de degradarte á ser su adorador.

La señora Elena Rosalba me ha dispensado el honor de obsequiarla, replicó Vivaldi sin poder contenerse; é iba á continuar, cuando su padre le dijo: ¿con que al fin confiesas tu locura? = Señor, me honro de mi eleccion. = Como no miro en tí sino el entusiasmo novelesco de un muchacho, quiero perdonarte por esta vez, no mas que por esta vez. Si reconoces tu error, sepárate ahora mismo de tu nueva favorita. = Señor... = Te lo repito, añadió el marques con afectacion, sepárate de ella; y para manifestarte que soy todavía mas indulgente que justo, quiero con esa condicion señalarla una corta renta, como una especie de reparacion del agravio que la has hecho contribuyendo á corromperla.

¡Ah señor, dijo Vivaldi casi fuera de sí: corromperla! ¿Quién ha manchado su reputacion contándoos tan infame impostura?

Nombrádmele, os suplico, nombrádmele
para que yo le satisfaga su justo premio....
¡Corromperla! ¡Señalarla una renta en pa-
go de su corrupcion! ¡oh Elena! ¡Elena!
Cuando pronunciaba estas palabras, corrian
tiernas lágrimas de sus ojos, animados al
mismo tiempo de la mas viva indignacion.

Muchacho, dijo el marques, que habia
observado con inquietud y disgusto la violenta emocion de su hijo, yo no creo con
facilidad una noticia, y no puedo sufrir que
se ponga en duda la verdad de lo que aseguro. Te han engañado, y tu vanidad per-
petuaria la ilusion si yo no interpusiese
mi autoridad para rasgar el velo que te
ciega. Abandónala al instante, y te daré
pruebas de su mala conducta que destru-
yan la confianza que tienes en ella, por
mas acérrima que sea.

¡Yo abandonarla! prosiguió Vivaldi con
mas tranquilidad; pero con un tono firme
y enérgico, que su padre no le habia visto
usar hasta entonces. Vos, señor, nunca
habeis dudado de mi veracidad; pues bien,
bajo mi palabra de honor os aseguro que
Elena es inocente, sí, inocente.. ¡Dios eter-
no! ¡por qué ha de ser necesario justificar-

la! ¡y sobre todo, por qué ha de ser preciso que yo mismo la justifique!

Te compadezco efectivamente, dijo con frialdad el marques. Tú comprometes por ella tu palabra de honor, y acaso de buena fé. No hay duda de que estás engañado: la crees virtuosa á pesar de que vas de noche á visitarla á su casa; y supongamos que lo sea, ¿cómo has de borrar la mancha con que has deslustrado para siempre su reputacion?

Publicando al mundo entero que es digna de ser mi esposa, replicó Vivaldi con ojos encendidos que anunciaban el valor y la resolucion.

¡Tu esposa! dijo el marques, arrojándole una mirada que expresaba la inquietud, la cólera y el desprecio. Si creyera que habias de olvidar hasta este punto el honor de nuestra casa, no te reconoceria jamas por hijo mio.

¡Ah! exclamó Vivaldi, ¿cómo he de olvidar lo que se debe á un padre, si no hago mas que sostener los derechos de la inocencia, que no tiene otro defensor? ¿Por qué no me ha de ser permitido conciliar á un tiempo el cumplimiento de dos deberes

tan análogos? pero suceda lo que quiera,
defenderé la debilidad y la inocencia opri-
midas, y me honraré en escuchar la voz
de la virtud, que me manda en este caso
obedecer á la humanidad. Sí señor: si este
es mi destino, estoy resuelto á sacrificar
aquellos pretendidos deberes á la grandeza
de un principio que ennoblece las almas, y
las inclina á las acciones mas ilustres; y de
este modo sostendré mejor el honor de mi
casa.

¿Qué principio de moral, dijo el marques, te autoriza para desobedecer á tu padre? ¿Cuál es la virtud que te enseña á
envilecer á tu familia?

Señor, no hay envilecimiento sino en el
vicio, y hay circunstancias, aunque en corto número, en que es virtud la desobediencia.

Esa paradoja y ese lenguage novelesco
manifiestan suficientemente, replicó el marques, el caracter de tus asociados, y la
pretendida inocencia de la muger que de-
fiendes con un tono y ademan tan caballe-
resco. ¿Ignoras acaso que perteneces á tu
familia, y no tu familia á tí? ¿que debes
conservar ileso el depósito de su honor, y

que no puedes disponer de tí mismo?.... Te advierto que se me apura ya la paciencia.

Vivaldi no pudo oir insultar de nuevo á la virtud, sin tomar otra vez su defensa; pero fue con todo el respeto debido á un padre, aunque con la independencia y dignidad de un hombre. El padre y el hijo diferian, por desgracia, de opinion acerca de los límites de estos deberes, extendiéndolos, el primero, hasta una obediencia pasiva, y limitándolos el segundo, cuando la felicidad del individuo puede totalmente comprometerse, como en el matrimonio. Se separaron ambos muy acalorados, Vivaldi despues de haber hecho inútiles esfuerzos para saber de su padre el nombre del calumniador de Elena, y para convencerle de la inocencia de esta persona interesante; y el marques sin haber podido arrancar á su hijo la promesa de no volver á verla jamas.

Esta era la situacion de Vivaldi, que pocas horas antes habia experimentado un sentimiento de felicidad, suficiente para hacerle olvidar todos sus tormentos, y perder el temor para en lo sucesivo.

El combate de sus pasiones no podia te-

ner fin: amaba á su padre, y hubiera sentido mucho mas la pesadumbre que le causaba, si el marques no hubiera excitado su
resentimiento hablando con tal desprecio
de Elena: conocia que le era imposible
abandonarla, se indignaba de la calumnia
con que la deshonraban, y ardia por vengarla en la persona de su disfamador.

  Aunque había previsto el descontento de
su padre, la escena que acababa de pasar
le fue mucho mas dolorosa que lo que antes había imaginado; porque el insulto hecho á Elena era para él tan inesperado como intolerable. Esta misma circunstancia
parece que le autorizaba mas á continuar
obsequiándola, porque si hubiera sido capaz
de abandonarla, se hallaba ya desde entonces obligado á defenderla y á protegerla; y
puesto que había tenido la culpa, aunque
inocente, de la ofensa hecha á su reputacion,
él debia borrarla enteramente. Siéndole
agradables las lecciones de esta moral tan
plausible, se determinó á seguirlas; pero
dirigió su primer cuidado á descubrir el
autor que habia informado al marques; y
acordándose que este le habia hablado de
sus visitas de noche á Villa Altieri, creyó

ver su delator en el fraile que le avisaba en el camino, y que este era al mismo tiempo el espía de sus pasos y el infamador de Elena, aunque no podia conciliar esta conducta con el afecto aparente del que le daba, semejantes avisos.

Entretanto el corazon de Elena luchaba entre el amor y el orgullo. Pero si hubiera sabido lo que habia pasado entre el marques y su hijo, el combate no hubiera durado mucho tiempo, porque el justo sentimiento de su propia dignidad la hubiera determinado pronto á reprimir una pasion naciente.

La señora Bianchi habia comunicado á su sobrina el objeto de la última visita de Vivaldi; pero disimulando un poco en su narracion las circunstancias que podian causarla algun sentimiento. De este modo se habia contentado con decirla que no convenia esperar que la familia del marques aprobase la union de Vivaldi con una persona de clase tan inferior. Sobresaltada Elena con esa insinuacion, respondió que mediando esa circunstancia, habia hecho bien en despedir á Vivaldi; pero el suspiro que acompañó á estas palabras, no se escapó á la señora Bianchi, que se aventuró á añadir, que ella no habia desechado absolutamente la proposicion.

Por esta conversacion y algunas otras, Elena vió con gusto justificada su secreta estimacion á Vivaldi con la autoridad de su tia, y se esforzó desde entonces á creer que la circunstancia que habia alarmado su orgullo, no era tan humillante como habia desde luego imaginado. La señora Bianchi, por su parte, ocultó cuidadosamente á su sobrina los motivos que la habian obligado á escuchar á Vivaldi, bien segura de que si supiera que las miras de interes habian tenido influjo en un empeño tan sagrado como es el matrimonio, irritarian el alma noble y generosa de Elena. Despues de algunas reflexiones ulteriores sobre las ventajas que aquel enlace atraeria á su sobrina, la señora Bianchi se determinó á favorecer el proyecto para con la misma Elena, que estaba ya tan inclinada; pero halló á su sobrina menos dócil en este punto que habia creido. Ofendia á Elena la idea de entrar clandestinamente en la familia de Vivaldi; pero su tia, cuyos achaques apresuraban la resolucion, estaba tan convencida de la necesidad y de la utilidad de semejante union, que se resolvió á hacer cuanto pudiese para vencer la resistencia de su sobrina, aunque conoció que usando de medios mas graduados lograria efectos mas seguros. El embarazo y la turbacion que Elena habia manifestado la noche en que Vivaldi la sorprendió al tiempo de expresar el afecto que le profesaba, y la relacion que habia hecho de esta entrevista, manifestaban suficientemente el estado de su corazon; y cuando al dia siguiente por la mañana llegó la carta de Vivaldi, en que pintaba con sencillez y energia todos sus sentimientos, la tia no se olvidó de añadir á ella las observaciones mas oportunas para hacer efecto, segun el conocimiento que tenia del caracter y de las disposiciones de Elena.

- Vivaldi, despues de la conferencia con su padre, pasó el resto del dia en discurrir medios para descubrir la persona que le habia denunciado, y volvió por la noche á Villa Altieri, no disfrazado para dar una serenata á su querida, sino abiertamente para hablar con la tia, que le recibió con mas atencion que la primera vez. Ad-

virtiendo en la fisonomía de Vivaldi alguna perplejidad, la atribuyó á la incertidumbre en que estaba todavía acerca de los
sentimientos que Elena le profesaba, y esto
ni la sorprendió ni ofendió: se arriesgó á
disiparla y á animar las esperanzas de Vivaldi, que temia por su parte que le pre-
guntase la opinion del marques y la marquesa; pero atendiendo ella á su propia delicadeza y á la de Vivaldi, guardó silencio en este punto. Despues de una conversacion bastante larga dejó Vivaldi á Villa
Altieri algo mas consolado con la aprobacion de la señora Bianchi, y reanimado con
un rayo de esperanza, aunque no habïa
conseguido ver á Elena. Fué tal la turbacion que causaron á esta la idea de la declaracion que habia hecho, y el conocimiento que habia adquirido de la oposicion de
la familia de Vivaldi, que no se atrevió á
presentarse.

Apenas volvió á su casa Vivaldi, cuando la marquesa, que no acostumbraba á estar en su cuarto y sola aquella hora, le envió á llamar, y tuvo con él una conversacion igual á la que tuvo el marques, con la
diferencia de que la marquesa le preguntó

con mas destreza, y le observó con mas sagacidad. Vivaldi no faltó ni un momento al respeto debido á una madre; y esta, contemplando la pasion de su hijo, lejos de irritarla, y disimulando en gran parte su resentimiento, se manifestó menos violenta que su marido en sus reconvenciones y amenazas: moderacion que le era quizá mas fácil de guardar, porque habia ya preparado los medios de impedir á su hijo la ejecucion de sus proyectos.

Vivaldi se separó de ella sin haberse convencido con sus argumentos, ni asustado con sus profecías, y resuelto á proseguir sus designios. No se sobresaltó mucho, porque no conocia bien el caracter de su madre, y no imaginaba cuan terribles eran las medidas que podia tomar. La madre, por su parte, sin esperanza de vencer la resistencia de su hijo á viva fuerza, tomó por auxiliar á un hombre dotado de la clase de talento que necesitaba, y cuyo genio y caracter le hacian perfectamente á propósito para servirla. Ayudada en esta eleccion mas por su malignidad que por la penetracion de su ingenio, pero conociendo bien al hombre de quien queria valerse, se determinó á

ponerle en accion para conseguir sus intentos.

Habia entonces entre los dominicos del
convento del Espíritu Santo de Nápoles un
religioso llamado el padre Schedoni, italiano, como indica su nombre, y cuya familia era desconocida. Él mismo manifestaba en todas ocasiones un gran cuidado en
echar un velo impenetrable sobre su orígen.
Cualquiera que fuesen los motivos, nunca
se le oyó mentar á ningun pariente, ni el
lugar de su nacimiento, y eludia con mucho
arte las preguntas que en este asunto le hacian algunas veces sus compañeros. Sin embargo, diversas circunstancias obligaban á
pensar que era hombre de buen nacimiento,
y que habia gozado de alguna fortuna. Su
caracter, que se descubria á veces á pesar del
trage de su estado, parecia altivo; pero era
mas bien el sombrío orgullo de la vanidad
humillada, que la fortaleza de un alma generosa. Los compañeros, á quienes habia
inspirado algun interes, juzgaban que la
singularidad de sus modales, su severa reserva, su obstinado silencio, y sus frecuentes penitencias, procedian de desgracias
que habia experimentado, y cuya memoria

atormentaba todavía una alma altiva y perturbada; al mismo tiempo que otros conjeturaban que su modo de existir era consecuencia de algun gran crímen que llenaba de remordimientos una conciencia agitada.

Algunas veces se mantenia separado de toda sociedad muchos dias seguidos, ó cuando en la misma disposicion se veia obligado á entrar en ella, afectaba ignorar donde se hallaba, y permanecia sumergido en la meditacion y en el silencio. No se sabia á donde se retiraba, aunque observaban sus pasos con frecuencia, ni se le oia quejarse jamas. Los religiosos mas antiguos decian que tenia talento, pero no le concedian erudicion; aplaudian la sutileza que manifestaba algunas veces, pero observaban que casi nunca comprendia la verdad sencilla, y que, capaz de seguirla en los laberintos de la metafisica, la desconocia cuando se le presentaba sin velo ni disfraz. Y en efecto no tenia ningun amor á lo verdadero; no lo buscaba por los largos caminos de un razonamiento franco y vigoroso; y solo le agradaba ejercitar su ingenio artificioso en un dédalo de sofismas. En fin una larga costumbre de este abuso del talento habia dañado el suyo de tal manera, que no podia ya admitir como verdadero lo que fuera sencillo y se comprendiese facilmente.

Ninguno de sus compañeros le amaba, muchos le odiaban, y casi todos le temian. Su figura chocaba, pero no de un modo favorable. Era de estatura alta y delgada, y las piernas y brazos de una desmesurada longitud. Cuando caminaba cubierto con el ropage negro de su orden, se advertia eu su continente un ademan terrible, y mas que humano; y la sombra que derramaba la capucha sobre la palidez lívida de su rostro, aumentaba la severidad de su fisonomía, y daba á sus grandes ojos negros un caracter de melancolía, cuyo efecto se aproximaba mucho al que produce el horror.

No era aquella la melancolía de un corazon sensible y lastimado, sino la de un alma sombría y feroz; y la singularidad que se notaba en su fisonomía no se podia definir facilmente. Se advertian en ella las huellas de las pasiones, que la habian marcado, y ya no la animaban, y solo la dominaban la severidad y la tristeza. Sus ojos eran tan perspicaces, que parecia que penetraban con una ojeada el corazon de los hombres, y leian en él sus mas secretos pensamientos. Pocas personas podian soportar sus miradas; y á la que una vez le alcanzaban, procuraba huir de ellas. Sin embargo, á pesar de su aficion al retiro, y de su austeridad, habia desplegado en algunas ocasiones un caracter que nadie sospechaba; y acomodándose con asombrosa facilidad al humor y á las pasiones de las personas cuya voluntad queria conciliarse, sabia subyugarlas enteramente.

Este fraile, pues, este Schedoni, era el confesor y el consejero de la marquesa de Vivaldi, la cual le habia consultado en los primeros movimientos de su indignacion para averiguar los intentos de su hijo, y habia conocido al instante que su ingenio la serviria maravillosamente. Eran ambos muy adecuados para ayudarse en la ejecucion de un mismo plan. Schedoni poseia una destreza grande; y estimulado de una ambicion sin límites, se hallaba dispuesto á emplearla toda entera: y la marquesa, que gozaba de mucho crédito en la corte, estaba resuelta á sacrificarlo todo por defender su inflexible orgullo de la ofensa que temia. El uno esperaba conseguir por sus servicios una rica recompensa; y la otra prometia prodigar sus dones al que la ayudára á sostener la dignidad de su casa. Excitados por estas pasiones y estos motivos, concertaron en secreto, y sin saberlo el mismo marques, los medios de lograr sus designios.

Vivaldi al entrar en el gabinete de su madre, habia encontrado á Schedoni que salia. No ignoraba que era su confesor; pero se sorprendió al verle alli á aquella hora. Schedoni le hizo una cortesía, inclinando la cabeza con afectada dulzura; pero Vivaldi aterrado de su mirada penetrante, retrocedió involuntariamente, cuyo movimiento era una especie de presentimiento de las asechanzas y de las persecuciones que el fraile le preparaba.

CAPÍTULO III.

Desde su última visita á Villa Altieri, Vivaldi iba frecuentemente á ver á la señora Bianchi, y Elena, en fin, habia consentido en acompañarlos y alternar en una conversacion que era muchas veces de objetos indiferentes. La tia conocia los sentimientos y el caracter de su sobrina, y juz-

gaba que Vivaldi ganaria mejor su voluntad con la reserva y el silencio, que decla-
rándola abiertamente su pasion, porque
hasta que su corazon se hallase subyugado,
era muy fácil que se sobresaltase con semejante declaracion, y este peligro se dis-
minuia de dia en dia á proporcion que se
aumentaba la confianza con la frecuencia
del trato.

Vivaldi sabia por la señora Bianchi que
no tenia ningun rival; que Elena habia desechado cuantos admiradores la habian descubierto en su retiro, y que su reserva ac-
tual procedia del temor de que la familia
de Vivaldi se opusiera, y no de falta de
estimacion. Desde entonces se abstuvo de
instar á Elena hasta inspirarla mas seguridad, y la señora Bianchi alentó su esperanza, defendiendo su causa cada dia con
mejor éxito.

Muchas semanas pasaron de este modo,
hasta que Elena, cediendo á las instancias
de su tia, y á la inclinacion de su propio
corazon, admitió en fin á Vivaldi por su
novio declarado. Olvidaron la oposicion de
la familia, ó si se acordaban de ella, esperaban sin duda que lograrian vencerla.

Los dos amantes con la señora Bianchi, y un pariente de esta, llamado el señor Giotto, se paseaban muchas veces por las deliciosas cercanías de Nápoles. Vivaldi no cuidaba ya de ocultar su pasion, pues queria al contrario desmentir los rumores injuriosos esparcidos contra Elena con la publicidad de sus obsequios. La memoria de lo que habia sufrido en su reputacion, su inocente confianza, y la dulzura con que le trataba, añadieron al amor de Vivaldi un sentimiento de compasion respetuosa que alejaba de su corazon la vanidad, y le unia á Elena para siempre.

Estos paseos los conducian á Puzoles, á Báyes, ó á las colinas pobladas de Posilipo, y volvian al anochecer en una barca cruzando la bahía, y gozando las hermosas escenas que les presentaba la ribera: ya los cánticos melodiosos de los pescadores, los bailes de los marineros y labradores, cuya ligereza y gracia natural distinguen á los habitantes de las cercanías de Nápoles, ó ya doblando un promontorio se les aparecian bellezas que ningun pincel puede expresar: rocas cortadas á pico de formas diferentes y raras, cubiertas de árboles desde el pie á la cima, entre los cuales se percibian ruinas de antiguos edificios, y chozas á la orilla de espantosos derrumbaderos medio escondidos, á veces bajo la sombra de una nube transparente, y otras veces iluminados por los rayos plateados del astro de la noche, que arrojaba un largo surco de luz sobre la inquieta superficie del mar, y mostraba á lo lejos muchas embarcaciones vogando silenciosas en direcciones diferentes. Todos estos objetos presentaban un espectáculo, cuya magnificencia correspondia á la hermosura del sitio que los reunia.

En una de estas noches, Vivaldi, sentado con Elena y la señora Bianchi en aquel mismo pabellon en donde habia oido el corto é interesante soliloquio, por el cual habia conocido la inclinacion que le tenia Elena, instaba con mas eficacia para que se verificase su union. La señora Bianchi no lo rehusaba, porque habia ya tiempo que veia declinar su salud, y deseaba con impaciencia dejar asegurada la suerte de su sobrina. Miraba con mustios ojos la escena que se le presentaba al ponerse el sol. El mar iuflamado con sus rayos, la multitud de barcos que volvian de Santa Lucía á Nápoles, la hermosa torre romana que termina el muelle, los pescadores fumando al pie de las murallas, y otros muchos cuadros bellísimos, ya no hacian en su ánimo mas que una triste impresion. ¡Ay!, exclamó rompiendo el silencio, ese hermoso sol que alumbra á lo lejos aquellas montañas magestuosas, no brillará mucho tiempo para mí! ¡mis ojos se cerrarán muy pronto para no volver á ver jamas ese espectáculo!

Reconvino Elena tiernamente á su tia por una idea tan meláncolica, y solo la respondió manifestando un deseo ardiente de dejar asegurada su proteccion para despues; á lo cual añadió, que si esta felicidad se retardaba, no viviria bastante para verla. Elena vivamente conmovida por este presentimiento triste, y por esta mencion tan directa de su situacion en presencia de Vivaldi, se deshacia en lágrimas mientras él mismo apoyando los deseos de la señora Bianchi, instaba de nuevo con mayor eficacia para que se verificase su casamiento.

No debemos contenernos ya por vanos escrúpulos, dijo la señora Bianchi, cuando ha llegado el tiempo de decir la verdad. Amada hija mia, no quiero ocultarte nada:

los médicos me han dicho que no puedo vivir mucho tiempo. Otórgame lo único que tengo que pedirte, y moriré contenta.

Despues de un momento de silencio, tomando la mano de su sobrina, y volviéndose hacia Vivaldi, le dijo: esta separacion será cruel para las dos, porque ella me ha profesado siempre la ternura de una hija, y yo me lisonjeo de haber cumplido con ella todos los deberes de una madre. Juzgad cuál será su dolor luego que yo fallezca; pero á vos os corresponde mitigarle.

Vivaldi miró á Elena con ternura, é iba á hablar, cuando la tia prosiguió diciendo: mi pesadumbre seria mucho mayor si no creyera que la confiaba á un cariño que no puede debilitarse, y no la dejaba resuelta á aceptar la proteccion que solo un esposo pueda concederla. Señor Vivaldi, os lego á mi hija; cuidadla y defendedla, si es posible, de los infortunios de la vida con el cuidado y vigilancia que yo he tenido para librarla de ellos. Mucho mas queria decir; pero me faltan las fuerzas.

Al recibir de mano de la señora Bianchi aquel sagrado depósito, Vivaldi, acordándose de la injuria que el marques habia

hecho á Elena, se llenó de indignacion generosa, cuya causa le costó mucho trabajo
ocultar, y á la cual siguió inmediatamente
un movimiento de ternura que inundó sus
ojos en lágrimas. En aquel mismo instante
juró en silencio defender la reputacion, y
asegurar la felicidad de Elena á costa de
todos los sacrificios, y á pesar de cualquiera consideracion.

La señora Bianchi al concluir su discurso, dió la mano de Elena á Vivaldi, que
la recibió con una emocion que solo podia
pintar su fisonomía. Juro, dijo con tono solemne y levantando al cielo sus ojos animados, que jamas engañaré la confianza de
que me juzgais digno; que mi vida entera
se consagrará á segurar la felicidad de Elena, que desde hoy en adelante será la mia;
que desde ahora me miro como unido irrevocablemente á ella por lazos tan sagrados como los que forma la religion; y que
la protegeré como á mi esposa mientras
conserve un solo soplo de vida: y al tiempo que proferia estas palabras, la verdad
de sus sentimientos se manifestaba en el
ademan y el tono que acompañaban sus
enérgicas expresiones.

Elena siempre bañada en llanto, y agitada con diversos pensamientos, no habló una palabra; pero apartando de los ojos el pañuelo, le dió una mirada tan tierna, y se sonrió con tanta dulzura y timidez, aunque manifestando confianza, que expresó todas las emociones de su corazon con mas claridad y persuasion que con el lenguage mas elocuente.

Antes de dejar á Villa Altieri tuvo ótra conversacion con la señora Bianchi, en que se convinieron que el matrimonio se efectuaria la semana siguiente, si podian conseguir que Elena consintiese, y que él volveria á saber su determinacion el dia siguiente.

Se retiró á Nápoles transportado de alegría, que se turbó con la orden que recibió de su padre para que fuese á hablarle; y como sabia el motivo, obedeció con repugnancia.

El marques estaba meditando tan profundamente, que no vió al principio á su hijo: alzó los ojos, en que se pintaba el descontento y la turbacion, y los fijó en Vivaldi: sé, le dijo, que persistes en los indignos proyectos que he querido hacerte

abandonar : te he dejado hasta ahora entregado á tí mismo para darte el tiempo y el
mérito de retractar por tu propia voluntad
la declaracion que te atreviste á hacerme de
tus principios y de tus intenciones : estoy
instruido de que tus visitas á esa despreciable muchacha no han sido menos frecuentes que antes, y que estás enamorado de
ella ciegamente.

Si hablais, señor, de Elena Rosalba,
permitidme que os diga que no es despreciable : no temo confesaros que estoy unido
á ella por toda mi vida. ¡Ah! ¿ y por qué,
padre mio, insistireis en oponeros á la felicidad de vuestro hijo? Y sobre todo ¿ por
qué continuais en juzgar con injusticia á una
persona digna de vuestra estimacion, tanto
como lo es de todo mi cariño?

Como no estoy enamorado de ella, replicó el marques, y ya pasó para mí la edad
de la juventud crédula, no me decido en
mis opiniones sino despues de un maduro
examen, y solamente cedo á las pruebas y
al convencimiento.

¿Cuál es la prueba que os ha convencido tan fácilmente? dijo Vivaldi. ¿Quién
es el que persiste en abusar de vuestra con

fianza, y en conspirar contra mi fidelidad?
El marques se manifestó muy ofendido
de las dudas y preguntas de su hijo : siguieron despues una larga conversacion sin re-
conciliarse : el padre renovando la acusacion y las amenazas, y Vivaldi defendiendo
á Elena, y protextando que su adhesion á
ella y su resolucion eran inalterables.

A pesar de todas sus instancias no pudo
Vivaldi conseguir de su padre las pruebas
de la mala opinion que manifestaba de Elena, ni el nombre de su detractor; ni las
amenazas del marques arrancaron á su hijo
la promesa de renunciar á su amor. El marques habia olvidado en esta ocasion su política ordinaria, porque su violencia habia
irritado á Vivaldi, en quien la dulzura y
las exhortaciones mas comedidas, desper-
tando la ternura filial, hubieran á lo menos
producido algunos escrúpulos y un combate
entre sus deberes y sus pasiones; pero ya no
podia vacilar: miró de allí en adelante á su
padre como un opresor que pretendia pri-
varle de sus mas sagrados derechos, y como
un hombre injusto que no escrupulizaba
manchar la reputacion de una criatura inocente é indefensa por la relacion sospechosa

de un vil delator; y desde entonces ningun
remordimiento debilitó en Vivaldi la resolucion de defender su libertad, y se apresuró mas que nunca á concluir el matrimonio, que aseguraba el honor de Elena
y su propia felicidad.

Volvió, pues, el dia siguiente á Villa
Altieri con mucha mayor impaciencia de
saber el resultado de la conversacion que la
señora Bianchi debia haber tenido con su
sobrina, y el dia en que habia de verificarse
el matrimonio: durante el camino, ocupan-
do Elena todos sus pensamientos, marchaba
sin mirar á ninguna parte, y sin reparar
donde se hallaba, hasta que al llegar á
la bóveda que estaba en el camino, oyó una
voz que le dijo: *no vayas á Villa Altieri,
que alli está la muerte*: y esta era la misma
voz que habia ya oido, y la misma figura
del fraile que pasó rápidamente por delante
de él.

Antes que Vivaldi se recobrase del es-
panto que le causó esta aparicion repentina,
desapareció el desconocido. Le pareció que
se habia vuelto á ocultar en la parte oscura de donde habia salido; porque no le vió
pasar por ninguna de las dos aberturas de

la bóveda: Vivaldi le gritó pidiendo que le dijese quien habia muerto en Villa Altieri; pero nadie le respondió.

Persuadido de que el desconocido no podia haberse escapado por la bóveda sin ser visto, sino por la escalera que conducia al fuerte, Vivaldi empezó á subirla; pero considerando que el mejor medio de entender el sentido del aviso espantoso que acababa de recibir era ir al instante á Villa Altieri, abandonó su proyecto, y marchó apresuradamente á casa de Elena.

Una persona indiferente, instruida como lo estaba Vivaldi del estado de debilidad en que se hallaba la señora Bianchi, hubiera al instante pensado que de ella habia hablado el fraile; pero Elena moribunda se presentó al punto á la imaginacion horrorizada de Vivaldi: este temor, natural en una pasion vehemente, iba acompañado de un presentimiento tan extraordinario como horrible: creyó ver á Elena asesinada y bañada en su sangre, cubierto el rostro con la palidez de la muerte, volviendo hácia él sus ojos apagados, é implorando su socorro contra el destino que la precipitaba en el sepulcro. Esta horrible imagen le habia afectado de tal manera, que cuando llegó á la puerta del jardin, estaba agitado con un temblor tan violento, que se detuvo sin pasar adelante, temiendo ver la verdad; pero al fin cobró ánimo, y abriendo una puerta, cuya llave le habian entregado pocos dias antes, llegó á la casa por un camino mas corto. Por todas partes reinaban la soledad y el silencio, y advirtió que muchas celosías estaban cerradas; su abatimiento se aumentaba conforme iba acercándose, y al llegar al peristilo se confirmaron todos sus temores: oyó dentro gemidos y sollozos comprimidos, y el sonido de aquel cántico lúgubre que se usa en algunos parages de Italia en las oraciones que entonan á los moribundos. Estos sonidos eran tan débiles, y parecia que venian de tan lejos, que llegaban, por decirlo asi, á espirar en su oido; pero sin detenerse mas llamó con fuertes golpes á la puerta.

En fin, despues de repetirlos varias veces, salió á abrirle Beatriz, la criada anciana de la señora Bianchi; y sin atender á las preguntas de Vivaldi, ¡ay! señor, le dijo, quién lo hubiera dicho: Vmd. la vió anoche tan buena como yo: ¡quién diria que hoy estaria ya muerta!

¡Ha muerto! exclamó Vivaldi: ¡decis que ha muerto! y faltándole el ánimo se arrimó á una columna para sostenerse: quiso Beatriz socorrerle, y la hizo señas para que se detuviese. ¿Cuándo ha muerto? la preguntó casi sin poder alentar: ¿cómo, en dónde está?

¡Ay! dijo Beatriz sollozando: ¡quién me habia de haber dicho que veria este dia desgraciado!

¿Cómo ha muerto y cuándo? repitió Vivaldi; ¿cuándo?

A eso de las dos de la mañana. ¡Desgraciada de mí!

Mas lo soy yo, dijo Vivaldi, animándose él mismo: condúceme á su cuarto: quiero verla; vamos.

¡Ah señor! es un triste espectáculo! ¿por qué quereis verla?

Condúceme al instante, dijo Vivaldi; ó iré yo solo.

Beatriz, aterrada de sus miradas y de sus movimientos, no se opuso ya á sus deseos: le rogó solamente que la dejase avisar á su ama de su llegada, y él la siguió atrave-

sando una porcion de aposentos, cuyas ventanas estaban cerradas: los cánticos habian
cesado, y reinaba un silencio profundo: á
la puerta del último aposento fue tal su agitacion, que tuvo que pararse; y Beatriz, temerosa de que se desmayase, se ofreció á
sostenerle; pero él se adelantó, y registran-
do rápidamente con la vista todo el aposento, vió una persona anegada en llanto, sentada junto á una cama, y conoció á Elena.
Ya se puede imaginar cuál seria su sorpresa
y alegría; pero cuidó de no manifestarla,
porque Elena pudiera haberse ofendido al
ver que el mismo acaecimiento que la de-
solaba, producia, por el concurso singular
de diferentes circunstancias, regocijo en el
hombre á quien amaba.

No quiso distraerla mucho tiempo de los
piadosos gemidos con que exhalaba y ali-
viaba su dolor, y empleó todo el rato que
pasó alli en contener su propia emocion,
y calmar la de Elena.

Se separó de ella, habló otra vez con
Beatriz, y supo que la señora Bianchi habia muerto casi repentinamente: se han empleado, añadió, cuantos remedios mandó el
médico: se acostó buena; á la una se sintió

mala; acudimos al instante; á poco rato perdió el habla, y la dió un sudor frio; nos cogió las manos á mí y á la señorita; quiso hablarla; no pudo, y espiró sin recibir los sacramentos.

Vivaldi examinó con atencion el rostro de la difunta; preguntó á Beatriz los síntomas de la enfermedad, y despues de haber sufrido su difusa explicacion, llegó á sospechar que la señora Bianchi habia muerto envenenada.

Dejó á Villa Altieri, meditando las circunstancias de este suceso y en la especie de profecía del fraile, que en su concepto tenia alguna conexion con la muerte repentina de la señora Bianchi: le vino entonces la idea de que el desconocido seria el mismo Schedoni, á quien veia visitar á la marquesa con mas frecuencia de algun tiempo á esta parte: esta conjetura le condujo á otra sospecha, que desechó al pronto con horror, pero que le acometió al instante con mas vehemencia: recordaba la voz y figura del desconocido; las comparaba con las del confesor; y aunque le parecian diferentes, no dejaba de sospechar que era quizá un agente de Schedoni, un espion destinado á seguir-

le, el disfamador de Elena, y ambos, si
habia dos personas en accion, estaban em-
pleados por su familia. Poseido de indignacion, y devorado de impaciencia por conocer al delator de Elena, se determinó á no
perdonar ningun medio para descubrir la
verdad, ya obligando á Schedoni á con-
fesarla, ya persiguiendo en las ruinas de
Paluci al desconocido, que podia ser agente
del confesor.

Las sospechas del envenenamiento de la
señora Bianchi, que habia concebido por la
conversacion que tuvo con Beatriz, le acometian sin cesar; y aunque no era verosímil
que ninguno tuviese interes suficiente para
cometer aquel asesinato, resolvió salir de
dudas llevando un médico que examinase el
cadáver, sin que lo supiese Elena: para esto
habia quedado con Beatriz en que volveria
aquella noche, y se haria el examen sin que
lo advirtiese Elena, que entonces estaba retirada en su cuarto, y por esta causa defirió
para otra ocasion la persecucion del desconocido.

CAPÍTULO IV.

Luego que Vivaldi llegó á su casa, fue al cuarto de su madre con el designio de hacerla algunas preguntas relativas á Schedoni; y aunque no aguardaba respuestas terminantes, juzgaba que por ellas descubriria alguna parte de la verdad.

La marquesa estaba en su gabinete con el confesor: este hombre me persigue como mi sombra, dijo Vivaldi para sí; pero antes que se vaya he de saber si son fundadas mis sospechas.

Schedoni estaba tan ocupado en la conversacion, que no advirtió al principio la llegada de Vivaldi, que aprovechó aquel momento para observar su fisonomía: el religioso tenia los ojos bajos, y en sus facciones se pintaban el artificio y la aspereza: la marquesa le escuchaba con una profunda atencion, con la cabeza inclinada como para no perder la menor palabra, y su rostro expresaba la inquietud de su alma.

Vivaldi se acercó, el fraile alzó la cabeza, le miró, y no mudó de semblante: se levantó, é hizo una cortesía para corres-

ponder al saludo de Vivaldi: la marquesa se cortó al ver á su hijo, y manifestó seriedad; pero quiso disimular con una sonrisa, que incomodó mas á Vivaldi que
aquella primera señal de desagrado.

Schedoni se volvió á sentar tranquila-
mente; y con la facilidad propia de un cor-
tesano, comenzó á hablar de cosas indiferentes. Vivaldi callaba, y procuraba hallar
un asunto que le facilitase su designio, y
la marquesa con su silencio no le ayudaba
á vencer esta dificultad. Tuvo que valerse
solamente de la vista y del oido para conocer lo que deseaba: el eco grave de la
voz de Schedoni le persuadió que no era
este el fraile de las ruinas de Paluci, aunque no ignoraba que se puede fingir la voz.
La diferencia de estatura confirmó este
juicio, porque Schedoni parecia mas alto
que el desconocido; y á pesar de que se
parecian algo en su aire y ademan, consideraba que el hábito de una misma orden
que vestian los dos, aumentaba la dificultad de distinguirlos. No podia comparar las
fisonomías, porque el desconocido se le habia presentado siempre con el rostro cubierto con la capucha; y como Schedoni

tenia entonces la suya sobre las espaldas, no podia Vivaldi comparar las dos cabezas en las mismas circunstancias; pero se acordaba que algunos dias antes habia encontrado al confesor al entrar en el cuarto de su madre con la capucha echada, y habia notado en él la misma aspereza melancólica que en el religioso de las ruinas de Paluci, y aun la misma figura, cuya terrible imagen conservaba en su imaginacion. En esta incertidumbre se determinó á hacer algunas preguntas al confesor, observando atentamente su fisonomía, y tomó pretexto de los dibujos de ruinas que adornaban el gabinete de su madre, diciendo que las de la fortaleza de Paluci eran dignas de entrar en aquella coleccion. ¿Las habeis visto últimamente, reverendo padre? añadió Vivaldi, dándole una mirada penetrante.

Es un resto muy hermoso de la antigüedad, respondió el confesor.

Aquella bóveda, continuó Vivaldi sin apartar la vista de Schedoni, suspendida entre dos rocas, una de ellas dominada por una torre, y la otra cubierta de corpulentos pinos y encinas, hace gran efecto; pero este cuadro necesita figuras, y creo que un grupo de vandidos ocultándose entre las ruinas para caer de improviso sobre los caminantes, ó un religioso cubierto con su hábito negro, saliendo de la bóveda como para anunciar algun acaecimiento funesto, serian accidentes muy pintorescos.

Durante este discurso nada se alteró la fisonomía de Schedoni: ese cuadro está perfectamente ordenado, le respondió, y no puedo menos de admirar la facilidad con que habeis colocado juntos los religiosos y los vandidos.

Perdonad, reverendo padre, mi indiscrecion. No he querido colocar unos y otros en el mismo término.

Yo no me agravio de eso, dijo el religioso con una sonrisa casi horrorosa.

Mientras seguian esta conversacion, la marquesa habia salido del gabinete con un criado que la habia traido una carta; y como el confesor manifestase impaciencia por verla volver, Vivaldi redobló sus preguntas. Sin embargo, continuó, me parece que no son tan frecuentadas de los vandidos como lo son por los religiosos, porque rara vez he pasado por allí que no haya visto alguno, y particularmente uno que se me ha aparecido y desaparecido tan repentinamente, que he estado casi para creer que era algun ser espiritual.

El convento de los Penitentes Negros no está lejos de alli, dijo el confesor.

¿Se parece su hábito al vuestro, reverendo padre? dijo Vivaldi: creo que el religioso de que hablo estaba vestido poco mas ó menos como vos, y aun me ha parecido de la misma talla, y que se os parecia mucho.

Puede ser asi, respondió el confesor siempre sereno; pero los Penitentes Negros usan una especie de saco, y la calavera que llevan sobre él no podia menos de llamaros la atencion. Sin duda ese religioso que habeis visto no es de aquel convento.

En efecto, no tengo una razon poderosa para creerlo, dijo Vivaldi; pero sea quien quiera, espero en breve conocerle mejor, y hablarle un lenguage que no podrá fingir que no entiende.

Hareis bien, dijo Schedoni, si teneis motivos de quejaros de él.

¿Solamente, replicó Vivaldi, si yo mismo tengo razon de quejarme de él?=¿No estamos obligados á decir la verdad, cuando tenemos un interes personal en decirla? ¿ y solo cuando seamos insultados nosotros mismos, debemos ser sinceros? Vivaldi creyó entonces que su enemigo era Schedoni, pareciéndole que manifestaba á pesar suyo que sabia el motivo de la queja de Vivaldi con el desconocido.

Advertid, reverendo padre, que yo no he dicho que él me ha insultado. Si vos sabeis que haya sucedido, no ha sido por mis propias palabras, porque yo no he mostrado ningun resentimiento.

No por vuestras palabras, replicó Schedoni, sino por vuestra voz y vuestros ojos, que lo han expresado claramente. La vehemencia y el desorden en los discursos nos autorizan á suponer en el hombre que le manifiesta una causa de descontento real ó imaginaria. Como ignoro los hechos á que haceis alusion, no puedo decidir á cual de estas dos clases pertenece el motivo que os incomoda.

Yo no le he dudado nunca, replicó Vivaldi con altivez; y si lo dudase, perdonad reverendo padre que os diga, que jamas os consultaría para decidirme. Mis injurias son demasiado reales, y ahora creo conocer con seguridad al que debo atribuírselas. Aquel amonestador oculto que se introduce en el seno de una familia para turbar su sosiego, el delator y el vil calumniador de la inociencia, son una sola y única persona.

Vivaldi pronunció estas palabras encaminándolas directamente á Schedoni con dignidad, y con una energía mezclada de moderacion, que parecia que con ellas queria traspasarle el corazon; pero era dificil conocer en la fisonomía del confesor, si habian excitado los remordimientos de su conciencia, ó habian únicamente ofendido su orgullo, y Vivaldi creyó lo primero. Todas las facciones de Schedoni se animaron manifestando una abominable malignidad; y en aquel momento creyó Vivaldi ver un malvado, cuyas pasiones podian arrastrarle á cometer los delitos mas horribles. Se retiró de él casi involuntariamente como aquel que ve de pronto á sus pies una serpiente, y continuó observándole con tanta atencion, que apenas reparaba lo que hacia.

Schedoni no tardó en recobrarse de la

emocion que habia experimentado, y serenar su fisonomía; pero mirandole todavía con aspereza y orgullo, le dijo á Vivaldi: aunque nada sé del motivo de vuestro descontento, no puedo dejar de conocer que vuestro enojo se dirije con mas ó menos vehemencia contra mí, como al autor de las injurias de que os quejais. No presumo, continuó levantando la voz con expresion, no presumo que hayais querido afrentarme con las palabras ignominiosas que habeis usado; pero....

Las he aplicado, dijo Vivaldi, á los autores de la persecucion que sufro, y vos podreis decirme mejor que otro alguno, ¿si pueden dirijirse á vos?

En ese caso no tengo que quejarme de ellas, replicó Schedoni con una destreza y una presencia de espíritu que sorprendieron á Vivaldi. Si no dirijis vuestras quejas sino á los autores de lo que padeceis, sean quien quieran, nada tengo que decir.

La serenidad con que pronunció el confesor estas palabras, renovó todas las dudas de Vivaldi, que miró como imposible que un hombre culpable pudiese conservar, en el momento mismo en que le vituperan su crímen, la tranquilidad y dignidad que mostraba Schedoni. Empezó á arrepentirse de haber culpado con tanta pasion y de haber maltratado á un hombre tan respetable por su edad y estado. Los diversos movimientos de la fisonomía de Schedoni, que tanto le habian chocado, le parecieron efecto del honor ofendido, y olvidó el caracter de malignidad que los acompañaba. De esta suerte, tan precipitado en el arrepentimiento como en la cólera, se dejaba arrebatar de la pasion del momento, y se apresuró á confesar su culpa tanto como se habia apresurado á cometerla. La franqueza con que la declaró hubiera merecido el perdon de un corazon generoso; pero Schedoni le escuchó con fingida complacencia y un secreto desprecio. Miró á Vivaldi como un joven insensato que se dejaba arrastrar de sus pasiones: solo advertia los defectos de su carácter sin hacer justicia á sus prendas; no le conmovió ni su sinceridad, ni su generosidad, ni su amor á la justicia; pero Schedoni solo veia el mal en la naturaleza humana.

Si el corazon de Vivaldi no hubiera sido tan generoso, hubiera desconfiado de la satisfaccion que mostraba el confesor, y hubiera conocido el desprecio y la malignidad, que no podian ocultarse enteramente con su sonrisa afectada. Schedoni por su parte, aseguró desde entonces su ascendiente; penetró con toda claridad el carácter de Vivaldi, y conoció que podia convertir todas sus virtudes en daño suyo. En el mismo instante en que se sonreia, triunfaba imaginando la venganza que habia de tomar del ultrage que acababa de recibir, mientras Vivaldi se afligia ingenuamente de haberle ofendido.

Tales eran sus disposiciones recíprocas, cuando volvió la marquesa, y advirtió en el semblante de Vivaldi algunas señales de la agitacion que habia padecido. El de Schedoni manifestaba la satisfaccion, aunque de tiempo en tiempo miraba á Vivaldi al soslayo y con los ojos entre abiertos, señales de traicion, ó á lo menos del arte con que ocultaba el sentimiento del orgullo ofendido.

La marquesa preguntó á su hijo con enfado la causa de su agitacion; pero Vivaldi no pudo determinarse á confesarlo á su madre, ni á estar en su presencia durante la explicacion; y diciendo que se referia á la discrecion y justicia del reverendo padre para disculpar su falta, se salió precipitadamente.

Luego que se fue, contó Schedoni á la marquesa lo que habia pasado con fingida repugnancia; pero cuidó de no hablar favorablemente de la conducta de Vivaldi, que pintaba al contrario mucho mas insultante todavía que lo que habia sido; y agravando las faltas del joven, no hizo ninguna mencion de su arrepentimiento. Usó sin embargo de bastante artificio en su narracion, aparentando disminuir la falta de Vivaldi, atribuyéndola á la violencia de su carácter, é implorando la indulgencia de la madre irritada. Es muy joven, añadió cuando vió á la marquesa muy exasperada, es muy joven, y la juventud es arrebatada en sus pasiones, y precipitada en sus juicios. Ademas puede tener envidia de la amistad con que me honrais, y este sentimiento es muy natural en un hijo que tiene semejante madre.

Vos sois demasiado bueno, padre mio, replicó la marquesa, cuyo resentimiento contra su hijo se acrecentaba á proporcion que Schedoni aumentaba para defenderle su falsa dulzura y su candor artificioso.

Es verdad, continuó el confesor, que advierto en esto uno de los muchos inconvenientes á que me exponen mi deber y el afecto que profeso á vuestra respetable familia; pero me resigno gustoso á todos, si mis consejos pueden proporcionaros algun medio de preservar el honor de vuestra casa, y salvar á ese joven inconsiderado de la desgracia que le amenaza y de un inútil arrepentimiento.

En el calor de la simpatía de su resentimiento, Schedoni y la marquesa olvidaban igualmente los indignos motivos, por los cuales cada uno de los dos sabia que el otro estaba estimulado, y el desprecio que los seres asociados para el mal dejan raras veces de manifestarse unos á otros. La marquesa, alabando el afecto de Schedoni, no se acordaba ya de las miras interesadas del religioso, á quien habia ofrecido un rico beneficio; al mismo tiempo que este atribuia la actividad inquieta de la marquesa á un interes verdadero por su hijo, y no al orgullo celoso de su dignidad. Despues de muchos cumplimientos entraron en una lar-

ga consulta acerca de los medios que debian emplear para salvar, decian, al joven de su propia pasion, porque ya eran inútiles las amonestaciones.

CAPÍTULO V.

Despues de los primeros movimientos de sensibilidad, y de los remordimientos por el modo con que habia tratado á un hombre de edad y de un estado respetable, Vlvaldi meditó con mas reflexion algunas circunstancias de la conducta de Schedoni, y volvió á caer en sus primeras sospechas; pero al punto las atribuyó á debilidad, y las despreció como injustas.

Llegada la noche, se apresuró á ir á Villa Altieri con un médico, á quien habia citado fuera de la ciudad; y en cuyo honor y ciencia podia fiarse. Se le habia olvidado entregar á Elena la llave de la puerta, y se sirvió de ella, aunque con algun escrúpulo de visitarle de noche y en secreto en las circunstancias en que se hallaba; pero no podia introducir de otro modo al médico, cuya decision necesitaba, y cuya visita era preciso ocultar á Elena para no aumentar su infortunio.

Beatriz, que los estaba aguardando, los introdujo en la habitacion en donde estaba el cadáver; y Vivaldi, aunque experimentó al entrar un sentimiento doloroso, tuvo bastante ánimo para asistir al examen del médico; y para que Beatriz no le presenciase, tomó la luz y la mandó retirarse.

Antes que Vivaldi se atreviese á preguntar al médico su opinion, la vista del cadáver, cuyo rostro estaba negro, y otras señales, le persuadian que la señora Bianchi habia muerto envenenada : temia romper el silencio que le dejaba todavía alguna esperanza, aunque débil; pero el médico mismo, temiendo malas resultas de una declaracion completa y franca de la verdad, no decia sus conjeturas.

En vuestros ojos leo vuestra opinion, le dijo Vivaldi ; y es igual á la mia.

Bien sospecho cuál es vuestra opinion, y aunque hay apariencias que la apoyan, no me atreveré yo á inferir lo mismo, respondió el médico, porque estos síntomas se hallan en otras circunstancias : añadió otras razones que parecieron plausibles á Vivaldi, y quiso preguntar á Beatriz cuál habia sido el estado de la difunta pocas horas antes de morir.

Despues de una larga conversacion con la criada, se mantuvo en su primera asercion; y decidió, que atendiendo á muchas circunstancias opuestas entre sí, no podia decir si habia muerto envenenada ó naturalmente; fuese porque temió dar una declaracion que pudiese producir contra alguno una acusacion de asesinato, ó porque quisiese evitar á Vivaldi el sentimiento que le causaria aquel descubrimiento, consiguió tranquilizarle y persuadirle que la muerte de la señora Bianchi habia sido natural.

Vivaldi se retiró al fin de aquel triste espectáculo, y salió de la casa sin que nadie le viese, ó á lo menos asi lo creyó: empezaba á amanecer, y se veian en la orilla algunos pescadores que echaban sus barcos al mar: ya no era tiempo de hacer el examen que se habia propuesto en las ruinas de Paluci. Volvió á Nápoles mas tranquilo por el resultado de la averiguacion que acababa de hacer: pasó por las ruinas sin ningun obstáculo; y habiéndose separado del médico, entró en su casa, en donde le estaba esperando un criado de su confianza.

CAPÍTULO VI.

Habiendo perdido Elena con la muerte de su tia la única parienta y amiga, quedaba como sola en el mundo ; pero no fue esta idea la primera que se le presentó en su afliccion, porque el dolor y la pesadumbre de aquella desgracia la ocupaban enteramente.

La señora Bianchi fue enterrada en el convento de la Piedad, y el cadáver conducido al estilo del pais con la cara descubierta, acompañado de sacerdotes y antorchas fúnebres ; pero Elena, á quien el uso prohibia acompañarle, habia ido antes á la iglesia para asistir al oficio que se iba á celebrar : su dolor la impidió acompañar el cántico de las religiosas ; pero aquella santa ceremonia la consoló algun tanto, y las lágrimas abundantes que derramó, calmaron la angustia de su corazon.

Despues de celebrado el oficio de difuntos, vió á la abadesa, que ademas de consolarla, la instó mucho á que fuese á vivir á su convento. Esta era en efecto la intencion de Elena, que pensaba encontrar alli un

retiro conveniente á su estado, y á la situacion de su alma; adquirir la resignacion,
y recobrar la tranquilidad que necesitaba;
y antes de despedirse de la abadesa, con-
vino en que se estableceria en el convento
como pensionista: volvió á Villa Altieri solo
para comunicar á Vivaldi esta resolucion:
la estimacion y afecto que le profesaba se
habian aumentado y fortificado de suerte,
que se persuadia que casándose con él aseguraba la felicidad de su vida. La aprobacion de su tia y el recuerdo de la manera formal con que esta la recomendó á Vivaldi como al único guarda y protector
que la quedaba, consagraban aquella obligacion, y al mismo tiempo que lamentaba
la muerte de su tia, crecia mas su amor á
Vivaldi.

Volvió á su casa, y halló á este en ella,
el cual no se admiró ni opuso á su resolucion: bien conoció que aquel retiro era conveniente y propio en los primeros dias de su
duelo, y que no podia permanecer en una
casa en donde no tenia ya la compañía de
una muger; la pidió solamente que les permitiese ir á verlas al locutorio, y cuando la
decencia no se opusiese, reclamar la mano

que la señora Bianchi le habia prometido tan solemnemente.

Sin embargo, Vivaldi sentia mucho esta resolucion, á pesar de haberle asegurado Elena que la abadesa de aquel convento era una señora muy estimable.

Entretanto la impresion profunda que le habian hecho las advertencias de su perseguidor, principalmente la de la muerte de la señora Bianchi, le atormentaba sin cesar, y resolvió de nuevo emplear los mayores esfuerzos para descubrir quien era, y el interes que le movia á perseguirle y á turbar su sosiego. Determinó pues ir á media noche á la fortaleza de Paluci, no á esperar la aparicion del desconocido, sino á recorrer, llevando luz, todas las ruinas, y averiguar quien las habitaba. La principal dificultad era hallar algun sugeto de su confianza que quisiese acompañarle, porque la última aventura le habia hecho conocer que era una imprudencía ir solo. Bonarmo insistia en la negativa; y como Vivaldi no tenia otra persona á quien pudiese confiar los motivos de su empresa, determinó en fin llevar consigo á Pablo, que era un criado suyo de confianza.

La noche anterior al dia en que Elena habia de entrar en el convento de la Piedad, fue Vivaldi á Villa Altieri á despedirse: durante la visita experimentó un abatimiento extraordinario; y aunque no ignoraba que aquel retiro era por poco tiempo, y tenia en el afecto de Elena todo la confianza que el amor puede inspirar, le parecia que la veia por la última vez: le asaltaban mil temores vagos y terribles, y le afligia particularmente la idea de que las religiosas intentasen catequizar á Elena para que profesase, cuyo peligro podia realizarse en el estado doloroso en que se hallaba.

Querida Elena, la dijo, son tales los temores que me agitan, que me parece que me separo de vos para siempre. Siento un peso en mi corazon que no puedo soportar; sé que no os retirais al convento sino por pocos dias; conozco que este paso le exige la decencia; creo que saldreis pronto, y lograré la dicha de que seais mi esposa. Todo lo sé, y todo lo creo; y sin embargo estoy poseido del temor: es posible que os pierda, y es verosímil solamente que seais mia para siempre. ¿Cómo he de consentir en estas circunstancias que os separeis de mí?

¿Por qué he dejado expuestas á un riesgo
solamente posible mi suerte y mi felicidad,
que he podido asegurar? Aun es tiempo todavía....... ¡Ah Elena! Despreciad la rigi-
dez del uso....... Si vais á Santa María de
la Piedad, id conmigo, únicamente para
unirnos al pie de los altares.

Habló Vivaldi con tanta rapidez, que
Elena no habia podido responder. Luego
que concluyó, le reprendió con dulzura
las dudas que manifestaba acerca de su
constancia; procuró disipar sus temores:
pero no quiso ceder á su peticion: le hizo
presente que el estado de su alma y el respeto debido á la memoria de su tia, la obligaban á aquel retiro; y añadió con dignidad, que si él podia dudar de la constancia de su afecto hasta que los uniesen los
sagrados vínculos del matrimonio, habia tenido mala eleccion, escogiéndola para compañera de su vida.

Vivaldi la pidió perdon de su debilidad,
y procuró calmar los temores que su pasion le sugeria; pero no pudo recobrar ni
la tranquilidad, ni la confianza; ni Elena
misma, aunque sostenida y alentada por
la rectitud de su talento, podia desechar

una espécie de abatimiento que experimentó durante la entrevista. Se separaron derramando lágrimas: Vivaldi dejó á Villa Altieri; y viendo que era muy temprano para hacer su pesquisa en las ruinas de Paluci, se volvió á Napoles.

Elena luego que se quedó sola, procuró
distraerse de su dolor, disponiendo los preparativos para salir por la mañana, que la
ocuparon hasta muy tarde; pero sin poder
apartar de su memoria los tiernos recuerdos de su tia, y hubiera permanecido mas
tiempo en la habitacion en que se hallaba,
si un ruido repentino que oyó junto á la
ventana, no hubiera llamado su atencion.
Volvió la cabeza, y vió pasar algunas personas con mucha precipitacion: las celosías
estaban abiertas para dar paso al aire fresco del mar, y se levantó apresuradamente á cerrarlas; pero apenas habia tomado
esta precaucion, cuando oyó llamar con
fuerza á la puerta, y al mismo tiempo los
gritos penetrantes de Beatriz.

Sobresaltada Elena, tuvo sin embargo
valor para ir á socorrer á la criada; pero
al entrar en un pasillo estrecho que conducia á la sala de donde salian los gritos,

vió tres hombres enmascarados y embozados, que venian del otro extremo de la sala. Huyó entonces, y la siguieron hasta el
cuarto de donde habia salido. Allí la abandonaron la fuerza y el valor: sin embargo
les preguntó qué era lo que querian; pero
sin responderla la echaron un velo sobre
el rostro, y la sacaron al pórtico casi sin
resistencia.

Al pasar por la sala vió á Beatriz atada
á una columna, y otro enmascarado que
la observaba y amenazaba. Los gritos de
Elena reanimaron á Beatriz, que les roga-
ba por su ama antes que por sí misma; pero sus ruegos fueron inútiles, y sacaron á
Elena al jardin. Perdió entonces los sentidos, y cuando volvió en sí, se halló en un
coche que caminaba con la mayor veloci-
dad, y acompañada de algunas personas,
que creia fuesen las mismas que se habian
apoderado de ella en Villa Altieri. La oscuridad no la permitia distinguir sus facciones; y á todas las preguntas y súplicas
que les hacia, guardaban un profundo silencio.

El carruage caminó toda la noche, pa-
rando solamente el tiempo preciso para

mudar caballos. Elena procuraba entonces implorar la compasion de las gentes de la casa de postas; pero en vano, porque las cortinillas estaban corridas cuidadosamente, y sus conductores engañaban sin duda la credulidad de las gentes, pues nadie se interesó en su favor.

La turbacion del terror y del asombro la habian ocupado las primeras horas; pero cuando volvió en sí enteramente, el dolor y la desesperacion se apoderaron de su alma. Se vió separada de Vivaldi para siempre; porque persuadida de que la familia de su amante era la que cometia aquella violencia, juzgaba que no la dejarian salir de sus manos, sino despues de haber opuesto á su union obstáculos insuperables. La idea terrible de no verle jamas la oprimia de tal modo, que borraba de su imaginacion todo recuerdo, y entonces la era indiferente el lugar de su destino, y aun su propia seguridad.

Por la mañana se aumentó el calor, y bajaron un poco los tableros del coche para dar paso al aire, y Elena vió que la acompañaban dos de los hombres que la habian sacado de Villa Altieri, que iban todavía enmascarados y embozados. No podia reconocer el sitio en que se hallaba, porque la pequeña abertura de los tableros no la dejaba ver mas que la cima de las montañas y los árboles que cubrian el camino.

A eso del medio dia, segun pudo juzgar por el exceso del calor, paró el coche en una casa de postas para darla un vaso de agua de nieve; y como para esto bajaron del todo el tablero, vió que estaba en un sitio silvestre y solitario rodeado enteramente de montañas y bosques. Las gentes que estaban á la puerta de la casa la parecieron incapaces de compadecer á los demas, ni de esperar compasion de ninguno.

El color amarillento y la flaqueza horrorosa atestiguaban su pobreza, y el hábito continuo de padecer habia marcado antes de tiempo las arrugas del rostro: miraban á Elena con poca curiosidad; y el dolor que manifestaba en toda su fisonomía, interesaban muy poco á los que tenian que atender á sus propios sufrimientos. Los enmascarados tampoco llamaron por su parte la atencion.

Volvieron á subir el tablero, y continua-

ron el viaje: el calor y el día empezaban
á declinar cuando entraron en una garganta formada por dos cadenas de montañas,
á cuya extremidad se veia como por un te-
lescopio una vasta llanura terminada por
otras montañas que bañaba con sus rayos
dorados el sol poniente. Por debájo del camino abierto en uno de los lados de la garganta caia de las alturas un torrente im-
petuoso cubierto de espuma, que caminaba
despues sosegadamente hasta la orilla de
otro precipicio, á donde se arrojaba con un
ruido espantoso, dejando en el aire una
nube espesa de vapor, y corria despues por
el fondo de la garganta, que algun temblor
de tierra habia formado en aquel sitio. La
montaña no dejaba ya lugar al camino que
seguia hasta alli la márgen del torrente, y
le habian conducido por cima de varias ró-
cas avanzadas y suspendidas sobre aquel
abismo. La oscuridad y profundidad del
precipicio, la violencia y ruido de las aguas
que formaban una catarata, daban á aquel
pais un aspecto tan horroroso, que no puede expresar el pincel ni ningun idioma. Elena experimentó alguna emocion y alguna
especie de placer, a vista de aquel terrible

espectáculo; pero luego la asaltó un espan-
to verdadero cuando vió que el camino se
dirigia á un puente delgado que cruzaba
de la una cadena de montañas á la otra,
por encima del abismo en donde se precipitaba el torrente. El puente no tenia otro
pretil que unos palos endebles, y estaba
tan elevado, que parecia que tocaba al cielo. Estas fuertes impresiones hicieron que
Elena olvidase sus penas por algunos momentos. Despues de haber pasado al otro
lado de la garganta, el camino descendia
siempre á la orilla del torrente por espacio de una milla, y desembocaba en un país
abierto y extenso frente de las montañas
que se percibian desde el paso anterior: parecia que se pasaba de la muerte á la vida;
pero aquel espectáculo y sus cercanías dejaron de llamar la atencion de Elena, luego que encima de una de las mas altas
montañas que tenia delante, advirtió el
campanario de un monasterio, é imaginó
que alli debia ser el término de su viage.

.. El camino era ya demasiado áspero y estrecho para el coche: se apearon los conductores, mandaron bajar á Elena, que
los siguio sin resistencia por un sendero que

rodeaba la montaña, cubierto de mirtos, almendros, higueras, y de una multitud de arbustos odoríficos. Despues de haber pasado por delante de algunas capillas y estatuas de santos, ocultas en parte por la espesura, los conductores se detuvieron, sacaron y registraron algunos papeles, y se apartaron un poco para consultar. Hablaban tan bajo, que Elena no pudo oir ni una palabra.

Uno de ellos se dirigió al monasterio, y el otro se quedó guardando á Elena, que hizo entonces otra tentativa para apiadarle; pero inutilmente, porque no respondió á sus plegarias, y la dejó sumergida en su dolor. Sentóse sobre la tierra, y al cabo de media hora vió entre la oscuridad dos religiosos que se dirigian á aquel sitio. Luego que llegaron, llamaron aparte al conductor que habia quedado con Elena, la cual oyó su voz por primera vez, y la escuchó con mucha atencion. El otro no volvió; pero la pareció evidente que él habia avisado á los religiosos, y algunas veces observando al mas alto de estos, la parecia que era él mismo.

Despues de la conversacion, dijeron á

Elena que los siguiese; y el conductor, luego que la entregó, volvió á bajar la montaña.

Ni Elena ni los religiosos hablaron una
palabra en lo que faltaba de camino: llegaron á unas berjas que abrió un lego, y
entraron en un gran patio, cuyos tres lados
cercaba el edificio y el claustro, y el cuarto daba entrada á un jardin. Al fin de este
se veia la iglesia recargada de adornos antiguos, y como en perspectiva otros edificios grandes separados unos de otros á la
derecha, y á la izquierda un vasto terreno
plantado de viñas y olivas que se extendian
hasta las rocas, que cercaban todas las po-
sesiones del monasterio.

El hermano que conducia á Elena atravesó el patio, llegó al lado derecho, tiró
del cordel de una companilla, salió una religiosa, y recibió á Elena. Guardando un
profundo silencio la condujo por unos largos y solitarios corredores, donde no se
oia persona humana. Elena observaba la
fisonomía de la religiosa, que marchaba sin
hacer el menor ruido, y perdió la esperanza de hallar en ella ninguna compasion.
Cubierta con un hábito blanco, iluminado

el rostro, pálido y descarnado, con la luz que llevaba en la mano, parecia mas bien un espectro escapado del sepulcro que un ser viviente.

Luego que llegaron al locutorio de la abadesa, dijo á Elena: es la hora de vísperas; esperad á que la señora vuelva de la iglesia, porque tiene que hablaros.

Hermana, la preguntó Elena, ¿cuál es el santo titular de este convento? ¿Quién es la abadesa?

La religiosa no la contestó; y despues de mirarla con curiosidad y desprecio, se salió de la sala; la desgraciada Elena no estuvo mucho tiempo entregada á sus reflexiones, porque á poco rato llegó la abadesa, que en su aire de dignidad, y en lo llena que se manifestaba de su propia importancia, anunciaba que habia de recibir á Elena con altivez desdeñosa y mucho rigor. Pertenecia á una familia distinguida, y creia que de todos los crímenes, excepto el de sacrilegio, los menos perdonables eran las ofensas hechas á las personas de distinguido nacimiento. No es pues extraño que suponiendo que Elena, de humilde cuna, habia procurado seducir y casarse con el heredero de una casa grande, concibiese contra ella, no solamente desprecio, sino indignacion, y consintiese en castigar la culpable, suministrando medios de salvar la dignidad de una familia ilustre. Creo que eres, la dijo á Elena que se habia levantado temblando, creo que eres la muchacha que ha llegado de Nápoles.

Me llamo Elena Rosalba, respondió esta animándose un poco.

No conozco bien ese nombre, dijo la abadesa: sé unicamente que te han enviado aqui para que aprendas á conocerte á tí misma, y te instruyas en tus deberes. Hasta que se cumplan las intenciones de los que te han confiado á mi vigilancia, seguiré escrupulosamente el plan que me ha hecho adoptar la estimacion que profeso al honor de una noble familia.

Por estas palabras conoció Elena al mismo tiempo los autores de la violencia que sufria, y los motivos que la causaban. Permaneció algunos momentos sin poder hablar ni moverse, agoviada con los terribles pensamientos que se agolparon de repente en su imaginacion. El terror, la vergüenza, la indignacion, la agitaban alternativamente: ofendido su honor con la sospecha y la acusacion de haber turbado la tranquilidad y procurado la alianza de una familia que la despreciaba, excitó el justo orgullo de una conciencia pura, que fortificando su paciencia, la dió valor para preguntar, ¿quién habia dado orden para arrancarla de su casa, y con qué autoridad la tenian ahora prisionera?

La abadesa, poco acostumbrada á experimentar ninguna resistencia, se indignó tanto, que no pudo en un rato responder; y Elena conoció sin aterrarse la tempestad que la amenazaba: soy yo, dijo para sí, la que sufro la injuria, y triunfará el criminal opresor al mismo tiempo que la inocencia perseguida se abatirá con la vergüenza que corresponde al culpable. No, no tendré yo tan despreciable debilidad: mi conciencia sostendrá mi valor, y dándome á conocer el caracter de mis perseguidores por sus acciones, me dará fuerzas para menospreciar su poder.

Te advierto, la dijo por fin la abadesa, que tus preguntas no convienen á tu situacion, y que el arrepentimiento y la humildad, son los únicos que pueden aminorar tus culpas: ya puedes retirarte.

Creo señora, respondió Elena, haciéndola una reverencia llena de dignidad, que debo dejar esos sentimientos á mis opresores. Pero no quiso hacerla mas reflexiones conociendo que no solamente serian inútiles, sino vergonzosas para ella, y obedeció las órdenes de la abadesa, resuelta, ya que era preciso sufrir, á sufrir con valor y sin dejarse abatir.

La religiosa que la habia recibido, la condujo por medio del refectorio, donde se habian reunido las demas al salir de vísperas. Alli fue el objeto de sus curiosas miradas, de los cuchicheos, y de sospechas injuriosas, y conoció que nada tenia que esperar de corazones que simpatizaban tan poco con el suyo, y en los cuales las prácticas diarias de devocion no habian corregido aquella malignidad envidiosa que los impele á elevarse humillando á los demas.

El cuarto á donde condujeron á Elena, y en donde la dejaron sola, con gran satisfaccion suya, era una celda de religiosa que solo tenia una ventana pequeña, y los muebles se reducian á un colchon, una silla, una mesa, un crucifijo, y un libro de oraciones. Suspiró al ver aquella triste habitacion, y los recuerdos de la mudanza que sufria, y la separacion de Vivaldi, que acaso seria eterna, la hicieron derramar abundantes lágrimas. Pero cuando la idea de la marquesa se presentaba á su imaginacion, experimentaba otros sentimientos. Conocia que no solamente desaprobaba la familia de Vivaldi sus proyectos, sino que se oponia á ellos, y conocia el error que habia cometido la señora Bianchi creyendo se venceria la resistencia del marques y de la marquesa. La oposicion de esta orgullosa familia excitó su grandeza de alma, y se arrepintió amargamente de haber consentido en aquella union clandestina. Abandonada á sí misma, se acordaba de la industria laboriosa con que se habia mantenido hasta entonces, preferible á las distinciones que no lograria sino por fuerza. Perdia el ánimo, justificaba en parte las reconvenciones de la abadesa, y estaba casi resuelta á renunciar á la mano de Vivaldi para recobrar la estimacion que en su concepto habia perdido, humillándose á consentir en aquel enlace. Pero cuando se acordaba del amor de Vivaldi, y de que tal vez no le volveria á ver jamas, era tal su dolor, que entonces conocia claramente que el cariño que le profesaba era la más véhemente de sus pasiones.

CAPÍTULO VII.

Vivaldi, ignorando lo que habia pasado en Villa Altieri, fue á la fortaleza de Páluci, acompañado de su criado Pablo. Era ya muy entrada la noche cuando salieron de Nápoles, y luego que llegaron, se ocultaron en la bóveda sin encender la luz, esperando que se presentase el desconocido antes de registrar la fortaleza.

Pablo era un verdadero napolitano, astuto, curioso, sagaz, intrigante, y muy original en su caracter, que manifestaba mucho mas en sus gestos y ademanes que en sus palabras. Era el criado favorito de Vivaldi, y en el camino le habia confiado de sus primeras aventuras lo necesario para excitar su curiosidad y mantener su zelo y vigilancia en aquella empresa. Esta confianza hizo todo su efecto en Pablo, que no era supersticioso, y tenia valor; y mientras su amo procuraba vencer una especie de terror que le asaltaba, Pablo se prevenia para evitar alguna sorpresa, y solo pensaba en defenderse. Reconvenia á Vivaldi la imprudencia de ir á Paluci en medio de la noche, y este le manifestó que de dia no era posible descubrir el fraile. Despues de algun altercado, determinaron encender la luz y ocultarla en el hueco de una roca situada á la orilla del camino; y hecho esto, se colocaron en la bóveda en el mismo sitio en que Vivaldi y Bonarmo estuvieron de centinela. Oyeron entonces dar las doce al relox de un convento algo distante, y Vivaldi se acordó al punto que Schedoni le habia dicho que el de los Penitentes Negros no estaba muy lejos de Paluci. Preguntó á Pablo si era el relox de este convento, y le respondió afirmativamente: ahora me acuerdo, añadió, de la santa de Pianto, de donde se cuentan historias singulares é interesantes, y tengo para mí que el desconocido será un religioso de aquel convento.

Cuenta lo que sabes, dijo Vivaldi; pero en voz baja para que no nos descubran.

Señor, replicó Pablo, habeis de saber que la víspera de San Márcos, hace ya unos diez años....

Calla, dijo Vivaldi, creyendo oir algun ruido; y despues de un rato de silencio, continuó Pablo: era la víspera de San Márcos despues de oraciones, cuando se presentó una persona.... A estas palabras se detuvo oyendo á su lado un ligero ruido.

Habeis venido demasiado tarde, dijo una voz fuerte y penetrante; y Vivaldi conoció al momento que era del desconocido: *Son ya las doce, y hace mas de una hora que ha partido: cuidad de vos.*

Aunque sorprendido de estas palabras, y deseoso de preguntar el sentido, Vivaldi se dirigió al sitio de donde venia la voz, procurando asir al desconocido; pero la oscuridad engañó sus esfuerzos. Pablo, en medio de su turbacion, tiró un pistoletazo, y corrió á por la luz.

Ya os conozco, gritó Vivaldi: me vereis en la santa del Pianto. Pablo, la luz.

Pablo volvió al momento. Señor, ha subido por aquella escalerita: le he visto la punta del hábito.

Sígueme, dijo Vivaldi subiendo: Pablo le siguió hasta el terrado que está sobre la bóveda, y levantando en alto la luz que habia pedido á Pablo, miraron por todos lados sin percibir mas que las ruinas y las malezas.

No veo nada, dijo Vivaldi. Señor, añadió Pablo, por entre aquellos arcos que estan de la otra parte del fuerte, me parece que he visto pasar una persona. Vamos allá, le dijo Vivaldi, prevenidos y sin hacer ruido.

Se dirigieron á los arcos que comunicaban con el edificio en donde habia entrado Vivaldi cuando estuvo con Bonarmo, y de donde habia salido tan aterrado.

Al acercarse se quedó suspenso; y observando Pablo su turbacion, y disgustado de proseguir la aventura, procuró disuadirle de seguir mas adelante. No sabemos qué gentes habitan en este sitio espantoso, le dijo, ni cuántas, y nosotros no somos mas que dos. Ademas, justamente por aquella puerta que está alli bajo, es por donde he visto pasar una persona.

¿Estás cierto de eso? le preguntó Vivaldi. ¿Qué figura tiene?

No sé, respondió Pablo, porque no la he podido distinguir bien con la oscuridad.

Vivaldi, con los ojos fijos en el edificio, estuvo algunos momentos vacilante: voy á entrar, dijo, para librarme de esta intolerable incertidumbre á todo riesgo. Pablo, mira si puedes responder de tu valor, que va á sufrir una prueba terrible. Si crees que me podrás seguir, bajemos esta escalera con precaucion y silencio; y si no tienes ánimo, iré yo solo.

Ya es tarde para que me hagais esa pregunta, respondió Pablo: y si yo no me hubiera antes resuelto á no abandonaros, no hubiera venido aqui. Jamas habeis dudado de mi valor hasta ahora.

Vamos, pues, dijo Vivaldi. Desenvainó la espada, y entraron ambos por la puerta: con la luz que llevaba Pablo, vieron un pasadizo estrecho entre dos paredes, cuyo término no se alcanzaba á ver.

Conforme iban andando, advirtió Pablo que las paredes estaban en muchos parages manchadas de sangre; pero no quiso comunicar á su amo esta observacion.

Vivaldi caminaba con precaucion, parándose de tiempo en tiempo á escuchar. Despues empezó á andar mas aprisa, haciendo señas á Pablo de que le siguiese, porque en aquel momento se acordó que al fin del pasadizo habia visto una luz cuando estuvo la otra vez en aquel parage.

El recuerdo de las emociones que habia experimentado entonces, le detuvo algunos momentos; pero mirando á Pablo, siguió adelante al tiempo que este le asió del brazo, diciendole en voz baja: deteneos, señor, ¿no distinguis allá abajo un hombre entre la oscuridad? Vivaldi percibió un bulto como de figura humana, inmóvil y en silencio; estaba al fin del pasadizo, y el vestido parecia negro; pero no podia conocer si era el fraile. Siguieron adelante, y nada hallaron en el sitio donde habian visto el bulto: Pablo le señaló la entrada de una escalera angosta que se dirigia á los subterráneos. Vivaldi dió voces, y no oyeron mas respuesta que el eco de aquellas bóvedas: en fin, despues de haber dudado algun tiempo, se determinó á bajar.

Apenas habian llegado abajo, cuando Pablo le dijo á su amo: alli está, señor, mirad... se ha metido por aquella puerta que está enfrente de nosotros.

Vivaldi apresuró el paso de tal manera, que Pablo no podia seguirle: se detuvo al fin á tomar aliento, y se halló en un cuarto que conoció ser el mismo á donde habia bajado la otra vez. Pablo advirtió que perdia el color: os habeis puesto malo, le dijo: huyamos por Dios de este espantoso sitio: los que le habitan no pueden ser buenos, y nosotros nada ganaremos en estar aqui.

Vivaldi callaba, y sin poder alentar ni moverse, tenia los ojos fijos en el suelo, cuando se oye un ruido semejante al de una pesada puerta, girando sobre sus goznes, que resonaba en las bóvedas, y á larga distancia. Pablo se vuelve hácia donde sonaba el ruido, y ambos vieron una puerta que abria alguno despacio, y cerraba de prisa, como con temor de ser descubierto. Creyeron que seria la misma figura que habian visto arriba, y que fuese el religioso. Alentado con esta idea, llega Vivaldi á la puerta, que no estaba cerrada, y entra. No te escaparás ahora, decia al entrar: Pablo, guarda la puerta.

Pero en aquella pieza no ve persona alguna; registra con atencion todo el sitio y las paredes para ver si descubria alguna salida por donde cupiese un hombre, y solo reparó una especie de ventana alta cerrada con una reja, que era la única por donde podia entrar el aire y la claridad. Vivaldi se quedó atónito, y preguntó á Pablo: ¿ has visto pasar á alguno?=A nadie, respondió Pablo.=Esta es una cosa incomprensible, y parece sobrenatural. = Pero señor, dijo Pablo, si eso fuera asi, ¿por qué habia de temernos y huir?... Para hacernos caer en algun lazo, respondió Vivaldi: trae la luz, que quiero examinar las paredes.

Obedeció Pablo, y su amo advirtió que lo que le habia parecido rendija de una puerta, eran grietas de las paredes. ¡Esto es inexplicable! exclamó despues de un largo silencio. ¡Qué motivo puede tener ningun ser humano para atormentarme de esta manera! ¡pero qué otro que un ser sobre-natural puede haber salido de esta pieza sin ser visto!

Apenas habia dicho estas palabras, cuando se cerró la puerta con un ruido que retumbó en la bóveda. Vivaldi y Pablo se quedaron inmóviles, mirándose uno á otro aterrados, y ambos se arrojaron á un tiempo á la puerta para salir de aquel sitio; pero imagínese cual seria su consternacion, cuando conocieron la inutilidad de sus esfuerzos para abrirla: era muy gruesa, y guarnecida de fuertes fajas de hierro como puerta de cárcel, á cuyo uso parecia haber estado destinada aquella habitacion.

Veamos, dijo Vivaldi, si es posible hallar algun medio de salir de aqui, y ambos volvieron á registrar cuidadosamente la habitacion. Dando vueltas por todas partes, vió Vivaldi en un rincon un objeto que parecia anunciarle su propio destino al mismo tiempo que el de algun desventurado que habia estado encerrado en aquel sitio antes que ellos. Eran unos vestidos manchados de sangre: Pablo los vió al mismo tiempo y se aterró enteramente: ¿Quién se atreverá á levantarlos? dijo con voz trémula: quizá cubren todavía los restos del cuerpo mutilado, de cuya sangre estan teñidos; y se retiró al otro extremo del cuarto. Vivaldi resuelto á todo, los levantó con la punta de la espada, y vió que no habia mas que los vestidos y algunas manchas de sangre en el suelo.

Seria imposible pintar la agitacion y los diversos pensamientos y conjeturas que ocuparon el alma de Vivaldi durante un largo espacio de tiempo. Al fin volvió otra vez á registar los vestidos ensangrentados, y reparó que era un hábito negro de reli-

gioso: la túnica, el escapulario, todo estaba manchado de sangre: despues de haber-
los mirado con atencion, los dejo caer, y
Pablo que le habia estado observando, le
dijo:

¡Ah señor! con ese vestido se ha disfrazado el demonio que nos ha conducido
aqui. Es una mortaja para nosotros, ó lo
ha sido para el que la llevaba en vida.

Ni creo uno ni otro, respondió Vivaldi;
pero veamos otra vez si podemos salir.

La ejecucion de este proyecto era por
desgracia suya superior á sus fuerzas. Quisieron inútilmente violentar la puerta: Vivaldi levantó á Pablo hasta la ventana; cuya reja no pudo quebrantar: gritaron los
dos cuanto pudieron; y cansados de sus esfuerzos, dejaron por entonces de repetir las
tentativas; se tendieron en el suelo, y se
abandonaron á la desesperacion.

Pablo empezó á deplorar la obstinacion
de su amo en penetrar en aquel sitio desierto, y el peligro inevitable en que se hallaban de morir de hambre.

Vivaldi no respondia nada, y continuó
sumergido en los mas horribles pensamientos. Recordaba las últimas palabras del frai-

le; y pensando lo peor, creia que le anunciaba la muerte de Elena: esta idea le distrajo casi enteramente de su propio riesgo, y aumentó su desolacion hasta el delirio.

Pablo olvidó su propia situacion, y procuró consolar á Vivaldi con esperanzas ilusorias; pero este ni escuchaba ni oia nada. En fin, habiendo Pablo hecho mencion del convento de la santa del Pianto, que tenia alguna conexion con el fraile que anunciaba la muerte de Elena, llamó la atencion de Vivaldi, y le distrajo de sus meditaciones para escuchar un suceso de que podia sacar algunas conjeturas. Mandó á Pablo que le refiriese; y este, despues de registrar con la vista el aposento subterráneo como si temiese que pudiera alguno escucharle, rogó á su amo que se sentase junto á él: hízolo asi Vivaldi, y Pablo en voz baja le dijo: era, pues, la víspera de San Márcos, y justamente á las oraciones... Si habeis estado en aquella iglesia, os acordareis que es muy antigua y oscura... Pues señor, en uno de los lados de abajo hay un confesonario, al cual llegó un hombre cubierto de tal modo con un vestido largo, que no se podia distinguir su figura: se arrodilló junto

á él, y arrojaba tales gemidos á los pies del
confesor, que se oian en toda la iglesia. Ya
sabreis que los religiosos de N. S. del Pianto son de la orden de los Penitente Negros,
y que los que tienen pecados grandes que
confesar, acuden al padre Ansaldo. Este
mismo era el que escuchaba al penitente,
á quien reprendió con dulzura por el ruido
que hacia, y procuró consolarle. El desconocido se serenó un poco, y continuó
la confesion: no se sabe lo que diria; pero
sin duda fue alguna cosa tan extraña y
horrible, que el penitenciario se salió corriendo del confesonario, y antes de llegar
á su celda, le dió una convulsion, y cayó
desmayado. Despues que volvió en sí, preguntó á los que habian acudido á socorrerle sí un penitente que se habia presentado
en su confesonario, estaba todavía en la
iglesia, y declaró que era necesario pren-
derle. Uno de los religiosos que habia atra-
vesado por la iglesia, dijo que le habia visto pasar junto á él muy de prisa; que era
alto, que estaba vestido con hábito blanco
de religioso, y que se dirigia hácia la puerta de la iglesia que va al patio exterior del
convento. El padre Ansaldo creyó que era

su penitente, y envió á que preguntasen al portero; pero este aseguró que en toda la tarde habia entrado ningun religioso vestido de blanco.

Si hubiera estado vestido de negro, dijo Vivaldi, creeria que era mi perseguidor.

Señor, replicó Pablo: un hombre puede fácilmente mudar de vestido, y si no teneis otras razones....

Prosigue, le dijo Vivaldi: por la respuesta del portero, continuó Pablo, pensaron todos los padres unánimemente que el desconocido estaba todavía dentro del convento; pero á pesar de haberle resgistrado todo con mucho cuidado, no hallaron á nadie.

Pues ese es mi fraile, dijo Vivaldi, aunque con otro vestido, porque no hay dos seres en el mundo que puedan escaparse tan milagrosamente.

Interrumpió su conversacion el ruido de algunos sollozos reprimidos, que por la agitacion en que estaban, se les figuraron los últimos suspiros de un moribundo. Ambos se quedaron aterrados, y Pablo despues de haber escuchado con atencion un largo rato, dijo á su amo: señor, es el ruido del aire; y continuó su historia.

Despues de aquella extraña confesion, el padre Ansaldo se mudó enteramente.... Su cabeza....

Sin duda, dijo Vivaldi, el crímen que oyó en la confesion le interesaba algo.

No señor, replicó Pablo, porque no he oido decir nada de eso; y las circunstancias que ocurrieron despues, prueban lo contrario. Un mes habria pasado desde este suceso, cuando un dia que hacia un calor terrible, al salir los frailes del último rezo...

Calla, dijo Vivaldi: oigo hablar en voz baja, añadió Pablo.

Escucharon con atencion, y distinguieron dos voces humanas; pero sin poder adivinar de dónde venian. Sonaban por intervalos, y las personas que hablaban, parecia que comprimian la voz para no ser oidas: Vivaldi dudaba si seria mejor descubrirse llamando, ó guardar silencio.

Considerad señor, le dijo Pablo, que estamos casi seguros de morir de hambre si no nos descubrimos á estas gentes, sean las que sean, y á todo riesgo.

¡Á todo riesgo! repitió Vivaldi. ¡Qué peligro me queda que temer en la situacion en que me hallo! ¡Ó Elena! ¡Elena!

Empezaron los dos á gritar con toda su fuerza, pero inútilmente: nadie les respondió, y cesaron del todo las voces que habian llamado su atencion.

Cansados de sus esfuerzos, se tendieron en el suelo, y esperaron á que amaneciese.

Vivaldi no tuvo valor para pedir á Pablo que contase el fin de su historia. Faltándole la esperanza para sí mismo, no le interesaban ya las desgracias agenas, ademas de haber advertido que no podia tener ninguna conexion con Elena: y Pablo despues de haberse puesto ronco á fuerza de gritar, se halló muy dispuesto á guardar silencio.

CAPÍTULO VIII.

Muchos dias habian pasado desde la llegada de Elena al monasterio de San Esteban sin que la hubieran permitido salir de su cuarto: la tenian encerrada con llave, y no veia á otra persona que la religiosa que la llevaba el alimento, que era la misma que la habia recibido á la puerta del convento, y llevado al locutorio de la abadesa.

Cuando ya creyeron que se habria abatido su valor con la soledad y con el desengaño de que era inútil su resistencia, la llevaron al locutorio de la abadesa, que estaba sola, y la recibió á Elena con una severidad que la obligó á resignarse á todo.

Despues de un exordio en que se esforzó á pintarla todo el horror de su crímen, y la necesidad de salvar el reposo y el honor de una noble familia, que su conducta desordenada habia estado para amancillar, la abadesa la declaró que debia determinarse inmediatamente á tomar el hábito, ó á casarse con el sugeto que la marquesa de Vivaldi habia tenido la bondad de destinarla.

Nunca podrás pagarla, añadió, por mas gratitud que la profeses, la generosidad que ha tenido en dejarte escoger entre estos dos partidos. Despues de la injuria que no debias haberla hecho, ni á su familia, no podias esperar tanta indulgencia de su parte: debia castigarte con rigor, y te deja entrar entre nosotras en la religion, ó si no tienes suficiente virtud para renunciar al mundo perverso, te permite volver á entrar en él, y te da en la persona de un marido un auxilio para soportar las penas y

los trabajos, y cuyo estado es mas proporcionado á tu nacimiento y oscuridad que
el del jóven en quien te has atrevido á poner los ojos.

Elena se avergonzó de semejante grose-
ría, y no quiso responder: se indignó sobre
manera al oir llamar indulgencia á la injusticia mas atroz, y á los actos de la mas
odiosa tiranía pintarlos como generosidad.
Sin embargo, no se sorprendió mucho de
los proyectos tramados contra ella, porque
desde su llegada á San Esteban lo esperaba
todo, y estaba preparada á sufrirlo con valor, persuadida de que cansaria la malicia
de sus enemigos, y triunfaria al fin de su
mala fortuna. Solo cuando pensaba en la
separacion de Vivaldi, se debilitaba su valor, y sus males le parecian insoportables.

Tú no respondes, la dijo la abadesa despues de esperar un momento. ¿Es posible
que seas tan ingrata á la bondad y generosidad de la marquesa? Pero no quiero va-
lerme de tu insensibilidad: te dejo la libertad de escoger: retírate á tu cuarto, piénsa-
lo bien, y resuélvete; pero ten presente que
vas á obligarte irrevocablemente por la resolucion que adoptes entre los dos partidos

propuestos. Si no tomas el hábito, te casarás con el sugeto que te se ha destinado.

Señora, respondió Elena con tranquila dignidad, no necesito tomar tiempo para deliberar y decidir: mi resolucion está tomada, y desecho los dos partidos que me proponeis. No me condenaré jamas por mí misma á sepultarme en un claustro, ni á sufrir la deshonra con que me amenazais por el otro extremo. Estoy dispuesta á sufrir todos los malos tratamientos que os agrade imponerme; pero nunca seré desgraciada ni oprimida por mi propio consentimiento. El conocimiento de mis derechos y de los de la justicia que tengo, sostendrá mi valor, asi como la conciencia de lo que me debo á mí misma y á la dignidad de mi carácter. Ya sabeis mi resolucion: no os la volveré á repetir.

La abadesa, que no hubiera dejado hablar á Elena tanto tiempo en aquel tono, si no la hubiera sorprendido semejante osadía, mirándola con severidad, la dijo: ¿en dónde has aprendido todo ese hermoso heroismo, y la temeridad con que te atreves á confesar y esparcir sus máximas? ¿y la audacia de insultar á tu superiora, cuya autoridad está consagrada por la religion? ¿y de insultarla hasta en el santuario?

El santuario se ha profanado, la respondió Elena con dulzura y dignidad, desde que le habeis convertido en una prision: y cuando una persona consagrada á Dios olvida ella misma los deberes que le impone la religion, deja de ser respetable. Los mismos motivos que nos obligan á amar las dulces y benéficas leyes de la religion, nos inspiran aversion á los que las quebrantan; y cuando me recordais el respeto que la debo, me obligais vos misma á pronunciar vuestra condenacion.

Vete, la dijo la abadesa levantándose con impaciencia. Esas advertencias tan altivas y tan convenientes en tu boca, no serán olvidadas.

Obedeció Elena, y la volvieron á su celda, donde se puso á repasar lo que habia dicho á la superiora, y no se arrepintió de la franqueza con que habia defendido sus derechos, y combatido la injusticia de una muger que pretendia ser respetada de la misma víctima de su crueldad y de su opresion. Se propuso evitar en lo sucesivo otras escenas como lo que acababa de sufrir, y no responder sino con el silencio á las injurias á que estaba expuesta. De tres males, entre los cuales tenia que escoger, la prision con todas las incomodidades y los disgustos que la acompañaban, le parecia mucho mas soportable que el matrimonio con que la amenazaban, ó la obligacion de entrar religiosa, porque estos dos últimos partidos la condenaban á ser desgraciada el resto de su vida por su propia eleccion. No tuvo que dudar: si podia soportar con tranquilidad su cautiverio, el peso de él se aligeraria, y á esta resignacion procuró disponer su alma.

Despues de su entrevista con la abadesa, habia permanecido encerrada en su cuarto hasta la noche del quinto dia, en que la permitieron asistir á vísperas. Al atravesar el jardin experimentó un deseo de respirar el aire libre y fresco, y gozar de la verdura de los árboles de que habia estado privada desde su llegada. Siguió á las religiosas al coro, y se halló colocada entre las novicias. La solemnidad del culto y los cánticos religiosos, conmovieron su corazon, calmaron sus penas, y alentaron su espíritu.

Entre las voces de las religiosas habia una que cautivó su atencion, porque expresaba los sentimientos de devocion con tanta ternura, que parecia inspirada por la dulce melancolía de un corazon disgustado del mundo. Procuró descubrir entre sus compañeras una fisonomía que estuviese de acuerdo con la sensibilidad que anunciaba aquel órgano tan alhagüeño. Algunas de las hermanas tenian levantado el velo, y no vió ninguna que satisfaciese sus esperanzas; pero examinando con mas atencion, distinguió una religiosa á alguna distancia debajo de una lámpara, cuya figura y ademan convenian perfectamente con la idea que se habia formado de la persona que tenia una voz tan interesante. El velo que la cubria el rostro era bastante claro, y dejaba ver la belleza de sus facciones; pero su aire y su actitud indicaban suficientemente la devocion que expresaban sus acentos.

Concluido el cántico, se levantó; y Elena, viéndola sin velo, y observando su rostro iluminado del todo por la lámpara, se confirmó en sus conjeturas. Se advertia en sus facciones una especie de melancolía dulce y resignada, y parecia que las pesa-

dumbres habian derramado en su rostro
una palidez y tristeza que se disipaba en el
fervor de la devocion. En aquel momento
tenia fijos en el cielo sus ojos azules, expre-
sando el amor tierno y ardiente, y el entusiasmo divino que respira en las hermosas cabezas de Guido. Elena se sintió mas
consolada y animosa por haber hallado en
aquel parage un ser capaz de compadecerla
y aliviarla: procuró atraerse las miradas de
la religiosa; pero no pudo conseguirlo porque estaba absorta en su devocion.

Al salir de la iglesia pasaron cerca una
de otra, y Elena la dió una mirada tan expresiva y tierna, que la religiosa se detuvo
y miró á la recien venida con una mezcla
de curiosidad y de compasion. Se encen-
dieron un poco sus mejillas, y no apartaba
los ojos de Elena; pero como no podia pararse por tener que seguir á la comunidad,
con las miradas y una sonrisa que expresaba la mas tierna compasion, se despidió
de Elena, que no la perdió de vista hasta
que la vió entrar en la celda de la abadesa.
Elena siguió á su conductora tan distraida
con su nuevo conocimiento, que no le ocurrieron otras palabras que preguntarla el
nombre de la religiosa.

Hablais de la hermana Olivia, la respondió. Tiene hermosa figura, dijo Elena: hay muchas hermanas tan bonitas como ella, respondió sor Margarita un poco picada.

Sin duda, contestó Elena; pero esa de que hablo tiene una fisonomía dulce, noble y llena de sensibilidad, y en sus ojos una melancolía que no puede menos de interesar á cuantos la miren. No está ya en la primera juventud; pero conserva sus gracias con una dignidad....

Si es de mediana edad, dijo ásperamente Margarita, es de sor Olivia de quien hablais, porque todas nosotras somos mas jóvenes.

Elena, mirando casi involuntariamente á la religiosa, observó su rostro pálido y flaco que anunciaba unos cincuenta años, y apenas pudo ocultar su sorpresa á vista de la vanidad tan despreciable que conservaba todavía entre pasiones amortiguadas, con una figura repugnante y en el silencio del claustro. Margarita, envidiosa y descontenta de los elogios de Olivia, no quiso responder á otras preguntas; y despues de haber conducido á Elena á la celda, la dejó encerrada.

El dia siguiente permitieron tambien á Elena asistir á las vísperas, y se reanimó con la esperanza de ver su religiosa favorita. La vió en efecto arrodillada en el mismo sitio orando sola antes de principiar las vísperas.

Elena contuvo con mucho trabajo la impaciencia de dar á entender á la religiosa el afecto que la profesaba hasta que se concluyeron las oraciones. Luego que la religiosa se levantó y alzó el velo, la miró y se sonrió tan cariñosamente, que Elena, olvidando el sitio en que estaba, se iba á acercar á ella; pero la religiosa se echó inmediatamente el velo, cuya especie de reprension comprendió Elena, y se volvió á su puesto.

Al salir de la iglesia pasó Olivia por delante de ella sin mirarla, y Elena sin poder apenas contener las lágrimas, se retiró á su cuarto. Una mirada de Olivia era para ella, no solamente deliciosa, sino necesaria.

A poco rato oye pasos, siente abrir la puerta de su celda, y ve entrar á la misma Olivia. Se levanta agitada á recibirla, y la religiosa la da la mano, que Elena estrecha entre las suyas afectuosamente.

No estais acostumbrada al retiro ni á nuestros malos alimentos, la dijo Olivia con ademan obsequioso y triste, poniendo encima de la mesa una cestita con dulces.

- Os comprendo, dijo Elena con una mirada que expresaba su agradecimiento. Teneis un corazon accesible á la compasion, aunque habitais en este recinto: habeis padecido, y conoceis el placer delicado de aliviar los males agenos, manifestando que participais de ellos. ¡Que no pudiera yo expresaros mi agradecimiento á vuestros favores!

Las lágrimas la interrumpieron: Olivia la apretó la mano, la miró con mucha atencion, y experimentó una agitacion extraordinaria; pero despues de haber recobrado, á lo menos en la apariéncia, alguna serenidad, la dijo con una sonrisa mezclada de gravedad: vos juzgais bien de mis sentimientos, hija mia: mi corazon no es insensible, y me afligen vuestras penas: estabais destinada á dias mas venturosos que los que debeis esperar en estos claustros.

Se detuvo como si hubiera dicho demasiado, y añadió: sin embargo tranquilizaos,

y ya que experimentais algun consuelo en
saber que teneis cerca una amiga, creed
que yo lo soy; pero guardad este secreto
para vos sola. Yo vendré á veros siempre
que pueda; pero no hableis de mí, y si mis
visitas son cortas, no me insteis á pro-
longarlas.

Qué bondad, dijo Elena con voz alterada: ¡vendreis á verme! ¡compadeceis mis
desgracias!

Callad, dijo la religiosa, que pueden ob-
servarme. Buenas noches, querida hermana: ¡Dios os dé un sueño tranquilo!

Elena, profundamente conmovida, apenas tuvo fuerzas para saludarla; pero sus
lágrimas dijeron mucho mas. La religiosa
la apretó la mano, y se salió repentinamente: el corazon de Elena, firme y sereno á los insultos de la abadesa, se enterneció á los testimonios de una amistad com-
pasiva; y las lágrimas que derramó tranquilizaron su alma agitada.

Al dia siguiente por la mañana advirtió que la puerta de la celda no estaba cerrada con llave: se vistió con prontitud, y
concibiendo alguna esperanza de libertad,
se salió afuera. Su cuarto, que daba á un

pasillo que comunicaba al edificio principal, cerrado por una sola puerta, estaba separado de las demas celdas; pero la puerta del pasillo se hallaba cerrada, y Elena prisionera como antes. Paseándose por el corredor, vió á uno de sus extremos una escalera pequeña que conducia á otros aposentos.

La subió corriendo, y halló que solo iba á pasar á un cuarto pequeño que no tenia nada de particular; pero al acercarse á la ventana vió desde alli un horizonte inmenso y un paisage, cuya extension y hermosura la hicieron una grande impresion.

Conoció que era una torrecilla voleada en uno de los ángulos del edificio, y como suspendida en el aire sobre las rocas de granito que formaban la montaña. Algunas de ellas inclinadas fuera de su basa, amenazaban una próxima caida, y otras elevándose en pico, sostenian las paredes del monasterio. Elena desde la altura en que estaba veia con gusto y terror aquellas rocas erizadas de malezas sombreadas de inmensos pinos, y el terreno bajando insensiblemente hasta la llanura, que se hallaba enriquecida con todo género de cultivo.

A la derecha descubrió el terrible puente
que habia pasado, y oia tambien el ruido
del torrente que caia por debajo. La reunion de toda aquella perspectiva la parecia entonces mas admirable y magnífica
que cuando habia visto aquellos grandes
objetos la primera vez mucho mas cerca.

Un ruido que sonó en la galería la distrajo de su meditacion. Oyó abrir la puerta del pasillo, y conjeturando que seria sor
Margarita, que podia advertir su ausencia,
bajó apresuradamente: la religiosa la preguntó admirada, y al mismo tiempo con
seriedad, cómo habia abierto la puerta de
su cuarto, y á dónde habia ido.

Elena la respondió con franqueza que
habia hallado la puerta abierta, y habia subido á la torrecilla; pero sin manifestar ningun deseo de volver, juzgando con razon
que seria un motivo para que Margarita la
cerrase. Esta, despues de reñirla ásperamente por haber salido del corredor, y de-
jarla el desayuno, se salió sin olvidarse de
cerrar el cuarto, quitando de este modo á
Elena el consuelo que habia encontrado en
la torrecilla.

Durante muchos dias, solo vió á su rígido alcaide, excepto á la hora de vísperas, en que la observaban con tanta vigilancia, que no se atrevió á decir á Olivia ni una sola palabra, ni aun á mirarla con atencion. Olivia fijaba la vista en Elena con una expresion que no pudo esta comprender; su rostro se encendia y perdia el color alternativamente, y parecia que se habia puesto mala.

Despues que salieron de la iglesia, Elena no volvió á ver á Olivia hasta el dia siguiente por la mañana, que entró en su celda con el desayuno: toda su fisonomía anunciaba tristeza.

¡Ah, qué dichosa soy en volveros á ver! exclamó Elena; ¡cuánto he sufrido en tan larga separacion!

Vengo de orden de la abadesa, replicó Olivia con una sonrisa mezclada de tristeza, y se sentó en la cama de Elena.

¿Con que habeis venido á verme contra vuestra voluntad? la preguntó Elena tristemente.

No por cierto; pero...... y se detuvo.

¡Ay! sin duda, dijo Elena, me traeis malas nuevas, y no quereis afligirme.

Sí, hija mia, eso es. Temo que tengais

alguna inclinacion que no os deje escuchar sin mucha pesadumbre lo que vengo á comunicaros. Me han encargado que os prepare á tomar el hábito entre nosotras, y que os diga que no os queda otro partido, una vez que desechais el marido que os ofrecen: que el plazo acostumbrado no se observará con vos, y que despues de haber tomado el velo blanco, tomareis inmediatamente el negro.

Olivia calló, y Elena la dijo: no es á vos á quien responderé, porque os habeis encargado contra vuestra voluntad de este mensage cruel, sino solo á la señora abadesa. Declaro pues que no quiero tomar ni velo blanco ni negro; que podrán, usando de la fuerza, arrastrarme al altar; pero que mi boca no pronunciará jamas votos que mi corazon aborrece, y que no me presentaré alli sino para protestar semejante tiranía y todas las formalidades que empleen para lograr su designio.

Olivia, lejos de desaprobar aquella respuesta firme, parecia que la escuchaba con grande satisfaccion.

No me atrevo á aplaudir vuestra resolucion, la dijo; pero no la repruebo. ¡Sin duda teneis en el mundo alguna inclinacion que no os pemitirá alejaros de él, ó parientes, ó amigos, de quienes no quereis separaros!

No los tengo, respondió Elena suspirando.

¡Cómo! ¿No teneis ni pariente, ni amigo, y mirais con tanta aversion el retiro?

Solo tengo un amigo, replicó Elena; y de él es de quien me quieren separar.

Querida, la dijo Olivia, perdonad estas preguntas, que tal vez son indiscretas, y otras que voy á haceros aunque os ofenda. ¿Cómo os llamais?

Esa pregunta no puede ofenderme: me llamo Elena Rosalba.

¡Qué! ¿cómo? dijo Olivia examinándola con atencion: Elena.....

Elena Rosalba, repitió esta: pero permitidme que os pregunte la causa de vuestra curiosidad y de vuestra admiracion. ¿Conoceis alguna persona de este nombre?

No, replicó tristemente la religiosa; pero vuestras facciones se parecen algo á las de una amiga que he perdido.

Al pronunciar estas palabras se aumentó sensiblemente su agitacion, y se levantó

para irse. No quiero alargar mas la visita,
dijo á Elena, porque no me priven del placer de volver á veros. ¿Qué respuesta he
de dar á la abadesa? Si estais determinada
á desechar sus propuestas, como me anun-
ciais, os aconsejo que modereis las expresiones todo lo posible: conozco mejor que
vos su caracter, y no quisiera veros, hija
mia, arrastrar una existencia miserable en
esta celda solitaria.

¡Cuánta gratitud os debo, dijo Elena,
por vuestra bondad y por los prudentes
consejos que me dais! Me someto á vuestro juicio: podeis dulcificar mi respuesta
como juzgueis conveniente; pero no olvi-
deis que es absoluta, y cuidad de que la
abadesa no crea que mi atencion para con
ella es incertidumbre mia.

Descuidad en mí en todo lo que os inte-
rese, dijo Olivia. Quedad con Dios: si puedo, vendré á veros esta noche. La puerta
quedará abierta para que corra el aire, y
goceis de una vista que no os permite esa
ventana. La escalerita que está al fin del
corredor conduce á un cuarto muy agradable.

Ya le he visto, y os doy gracias por haberme proporcionado una distraccion que ha aliviado mis penas, y casi las olvidaria si tuviera lápiz y algunos libros.

Me alegro saberlo, dijo la religiosa con una sonrisa cariñosa. Quedad con Dios: haré por veros esta noche. Si viene sor Margarita, no la pregunteis nada de mí, y sobre todo, no la digais estos cortos favores que os hago.

Se retiró Olivia, y Elena subió á la torrecilla, en donde olvidó por algun tiempo sus pesadumbres á vista de las grandes escenas de la naturaleza.

Cerca de medio dia sintió las pisadas de Margarita, y bajó al momento; pero no la reprendió esta por no haberla encontrado en su celda; únicamente la dijo que la abadesa habia tenido la bondad de permitirla comer con las novicias, y que venia para conducirla al refectorio.

No agradó á Elena este permiso, pues hubiera permanecido con mas gusto en la torrecilla solitaria, que exponerse á las curiosas miradas de sus nuevas compañeras. Siguió á Margarita tristemente por aquellos largos y solitarios corredores que conducian á la sala en que estaban reunidas. Al

momento que se presentó, todas fijaron en
ella la vista: las jóvenes emperazon á cuchi-
chear y á sonreirse, y manifestaron de todas maneras que la recien venida era el
objeto de una conversacion satírica y mor-
daz. Ninguna se adelantó á recibirla para
alentarla; ninguna la convidó á que se sentase á su lado en la mesa; ninguna en fin
la manifestó la menor de aquellas atencio-
nes que un alma delicada y generosa emplea para animar la modestia y la desgracia.

Elena tomó una silla, y aunque al principio se cortó un poco, advirtiendo que era
el objeto de la crítica y de los modales gro-
seros de sus compañeras, el convencimiento de su inocencia alentó su espíritu, y la
volvió aquel aire de dignidad que la era
natural, y que comenzó á mudar las disposiciones con que sus compañeras la habian recibido.

Despues de comer, se retiró á su celda,
y Margarita no la encerró, cuya indulgencia parecia que la pesaba, y que era de orden superior; pero no se la olvidó cerrar
la puerta del corredor. Luego que se fue,
subió Elena á la torrecilla, adonde Olivia
habia llevado una silla, una mesa, algunos

libros, y una jarra con flores. No pudo contener las lágrimas de gratitud á los favores de Olivia.

Entre los libros habia algunos de devocion, que puso á un lado; pero halló otros de los mejores poetas italianos, y la historia de Guichardin. Se sorprendió un poco al ver poetas en la biblioteca de una religiosa; pero la agradaba tanto esta novedad, que no procuró adivinar la causa.

Despues de haber arreglado los libros y los muebles, cogió un tomo del Taso, y procuró apartar de su imaginacion recuerdos dolorosos. La dejó vagar por las escenas creadas por la fecunda y brillante fantasía de aquel gran poeta, hasta que la caida del dia se las presentó reales y verdaderas. Una tinta resplandeciente de púrpura coloraba el Oeste, y el silencio y la tranquilidad de la naturaleza convidaban á la dulce melancolía, tan familiar á su corazon. Elena pensaba en Vivaldi, y lloraba por Vivaldi, á quien tal vez no veria jamas, aunque no dudaba que la buscaria por todas partes. Todas las palabras de la última conversacion se presentaban á su imaginacion, y las lágrimas de Vivaldi en el mo-

mento de su partida; y cuando pensaba en
el dolor que habria sufrido no hallándola
en Villa Altieri, todo su valor para soportar sus propias penas se amortiguaba con
la idea de las que habia debido experimentar su amante.

Oyó la campana á visperas, y bajó á su
celda antes que llegase su conductora, que
no tardó mucho tiempo. Despues de salir
del coro, Olivia la convidó á entrar en el
jardin, en donde se pasearon largo tiempo
hablando de cosas indiferentes; y aunque
Elena, deseosa de saber como habia recibido su contestacion la abadesa, la hizo algunas preguntas, Olivia las eludió constantemente, asi como las expresiones de
gratitud de su amiga á los cortos favores
que la dispensaba.

Olivia acompañó á Elena á su celda, y
alli no tuvo reparo de satisfacer su curiosidad, y sacarla de incertidumbre. Con franqueza y discrecion la contó la mayor parte de lo que la habia pasado con la abadesa, que era preciso que supiese Elena, y
cuyo resultado era que aquella estaba tan
obstinada como firme su prisionera.

Cualquiera que sea vuestra resolucion,

la dijo Olivia, os aconsejo seriamente que mostreis alguna complacencia á la abadesa, y la deis alguna esperanza de que cedereis algun dia; porque de lo contrario podrá trataros con el mayor rigor.

¿Y qué rigor mas terrible, respondió Elena, que la alternativa que me propone?

¿Por qué he de abatirme á una cobarde disimulacion?

Para libraros, dijo tristemente Olivia, de los tratamientos infinitos y crueles que os esperan.

¡Ah! respondió Elena; por huir de los que no merezco, sufriré otros que habré merecido, y perderé para siempre la tranquilidad de mi vida, que mis opresores mismos no podrán volverme! y dió á Olivia una mirada que expresaba alguna desconfianza.

Celebro la justicia de vuestros sentimientos, replicó Olivia con tierna compasion. ¡Ah qué lastima ver un alma tan noble sometida á un poder injusto ayudado de agentes depravados!

¡Sometida! dijo Elena; no digais sometida: me he familiarizado con la idea de los tratamientos que me preparan, y he elegido los que serán para mí menos crueles. Los sufriré con valor; pero no me someteré á ellos jamas.

¡Ay hija mia, no sabeis á lo que os obligais; no conoceis los tratamientos que os esperan!

Y al decir estas palabras, se llenaron sus ojos de lágrimas, y se alejaba de Elena, que sorprendida del extremo dolor que manifestaba su amiga, la rogó que se explicase mas.

Yo misma no puedo hablaros con entera seguridad sobre este asunto; y si pudiera no me atreveria.

¡No os atreveriais! dijo Elena. ¡Qué! ¿la bondad que me manifestais concibe el temor, cuando es necesario el ánimo para evitar tan grandes desventuras?

No me pregunteis mas, replicó Olivia: básteos saber que las consecuencias de una resistencia abierta serian terribles para vos, y que procureis evitarlas.

¿Pero, estimada amiga, cómo las he de evitar sin exponerme á otras desgracias mas lamentables todavía? ¿Sin contraer una union detestada, ó pronunciar unos votos que aborrezco? Cada uno de estos partidos

me parece mas terrible que los tratamientos que pueda yo experimentar.

Quizá os engañais en eso, dijo la religiosa: vuestra imaginacion no puede pintar-
os los horrores del... Pero en fin, hija mia,
os repito que deseo libraros de los males
que os esperan: ¿qué no haré yo para sal-
varos? Y el único medio que me queda
para conseguirlo, es determinaros á que os
manifesteis menos distante de consentir en
lo que exigen de vos.

Vuestra bondad me penetra el corazon,
dijo Elena, y temo parecer ingrata desechando vuestros consejos: sin embargo no
puedo seguirlos. La disimulacion que emplease en mi defensa, me haria caer en el
lazo que me han tendido para destruirme.

Al pronunciar estas palabras, miraba
Elena á la religiosa con la mayor atencion,
y concibió una sospecha cuyos motivos no
podia explicar. Dudó de la sinceridad de
Olivia, y creyó por un momento que queria hacerla caer en los lazos de la abadesa:
desechó sin embargo el horrible pensamiento de que Olivia, que la manifestaba
tanto afecto, y cuya fisonomía anunciaba
un alma pura, fuese capaz de tan vil trai-

cion: y al fin se convençió de que la que habia sido hasta entonces su bienhechora, era incapaz de ser pérfida.

Si pudiese determinarme á engañar, añadió despues de un largo silencio, ¿qué me aprocharia? estoy en poder de la abadesa, que pondrá al instante mi sinceridad á prueba; y descubierta mi disimulacion, provocaria mas su venganza, y me cástigaria tambien por haber empleado este medio de librarme de su injusticia.

Si el engaño, dijo Olivia, debe perdonarse alguna vez, es cuando se emplea en defensa propia; y hay ocasiones en efecto en que se puede recurrir á él sin vergüenza, como en el caso en que os hallais. Sin embargo, no debo ocultaros que vuestra única esperanza está en la espera que conseguireis por el medio seguro que os propongo. Si la abadesa espera lograr vuestro consentimiento, os concederá algun tiempo para que os prepareis á recibir el hábito; y en este intervalo, las circunstancias mudarán tal vez vuestra situacion.

¡Ojalá pudiera yo esperarlo! Pero ¡ay! ¿qué fuerza habrá que me saque de aqui? ni me queda persona ninguna que lo intente. ¿En qué fundais pues mis esperanzas?

La marquesa podrá apaciguarse.

¡Y qué! ¿contais con esa posibilidad, querida amiga? Si es asi, desespero enteramente.

Todavía hay otros recursos, dijo Olivia; pero suena la campana: van á la celda de la abadesa á recibir su bendicion: mi ausencia se notaria mucho: á Dios, amiga mia; buenas noches.

Reflexionad en lo que os he dicho, y considerad por Dios que la resolucion que temeis, debe ser decisiva, y puede seros muy fatal.

La religiosa pronunció estas palabras con una expresion y un énfasis tan extraordinarios, que Elena deseó y temió á un mismo tiempo que se explicase mas; pero antes de recobrarse de su sorpresa, salió Olivia de la celda.

CAPÍTULO IX.

Vivaldi y su criado, despues de haber pasado en el cuarto subterráneo la mayor parte de la noche, y haber repetido inútilmente sus esfuerzos para violentar la puer-

ta ó romper la reja de la ventana, cedie-
ron en fin al cansancio, y se abandonaron
al terror, que se aumentó mas todavía
cuando se consumió la luz, y los dejó en
una profunda oscuridad.

Las palabras del fraile venian entonces
con mas fuerza á la imaginacion de Vivaldi para atormentarle con la idea de que
Elena no existia ya. Pablo, no pudiendo
calmar el dolor de su amo, permanecia tendido á su lado, tan abatido como él, y temiendo la mas cruel de todas las muertes,
que es la del hambre.

Deploraba la obstinacion que los habia
puesto en aquel estado, cuando de repente
dijo á su amo: ¿Señor, qué hay alli abajo?
¿no advertis nada? yo veo un poco de
claridad: es preciso saber de dónde viene.

Se levantó al punto, y fue extremada su
alegria cuando vió que la claridad entraba por la puerta misma del cuarto, que halló entreabierta. Apenas creia á sus ojos;
porque la puerta se cerró á vista suya, y no
habian oido descorrer los cerrojos. Acabó
de abrirla, y despues de registrar el cuarto inmediato, salió con Vivaldi, que le habia seguido; subieron la escalera; llegaron

al primer patio de la fortaleza, donde reinaba un profundo silencio, y llegaron á la bóveda antes de rayar el sol, casi sin aliento, sin encontrar á nadie, y sin atreverse á creer que habia recobrado la libertad.

Se pararon un momento á descansar, y Vivaldi se puso á deliberar si tomaria el camino de Nápoles, ó el de Villa Altieri. Era muy temprano para encontrar á Elena vestida; y el temor de hallarla muerta, se habia disipado á proporcion que habia recobrado el ánimo: la inquietud que le agitaba todavía le determinó á dirigirse á Villa Altieri, á pesar de la hora, á lo menos á esperar que se levantase alguno de la casa.

Señor, le dijo Pablo, no nos detengamos mas en este horrible sitio: vamos al camino real, y tomaremos en cualquier casa alguna cosa, porque el miedo que he tenido de morir de hambre ha sido tan grande, que me ha anticipado la necesidad de comer.

Tomaron el camino de Villa Altieri, llegaron allá, y al entrar en el jardin, advirtió Vivaldi admirado que muchas de las ventanas estaban abiertas; pero su admira-

cion se convirtió en terror, cuando al llegar al pórtico oyó gemidos; y habiendo llamado fuertemente, conoció los gritos lasti-
meros de Beatriz. Como estaba la puerta
cerrada, y Beatriz no podia abrirla, Vivaldi y Pablo entraron por una ventana; y al
llegar al sitio en donde se oian los lamentos, hallaron á la pobre muger atada á una
columna, y les contó que unos hombres
armados habian robado aquella noche á
Elena.

Vivaldi se quedó aterrado; y despues de
algunos momentos, hizo á Beatriz mil preguntas sin darla tiempo á responder á ninguna: luego que tuvo paciencia para escuchar, supo que los robadores eran cuatro,
que estaban enmascarados, que dos de ellos
habian sacado a Elena al jardin, mientras
los otros dos ataron á Beatriz, y la habian
dejado de aquel modo. Esto fue todo lo que
pudo informar á Vivaldi.

Habiéndose este serenado un poco, creyó conocer los autores de aquel suceso y
los de su prision en la fortaleza, y se persuadió que su familia habia ordenado el
robo de Elena para impedir su enlace, y le
habia atraido y detenido en Paluci para evi-

tar que se opusiese á aquella violencia: creyó tambien que Schedoni era el religioso
que le perseguia con tanta obstinacion, que
era el penitente del confesonario del padre
Ansaldo, que era el consejero de su madre,
y uno de los autores de las desgracias que
le habia predicho , aunque se acordaba de
la inocencia que le habia manifestado en el
gabinete de la marquesa, y no dudaba que
esta habia dispuesto el robo de Elena.

Con este pensamiento volvió á Nápoles
resuelto á pedir á sus padres una explicacion de este suceso, persuadido de que á
lo menos sacaria algunas conjeturas, y si
no conseguia saber el sitio á donde habian
conducido á Elena, buscaria al mismo
Schedoni, le acusaria su perfidia, y si era posible, le obligaria á declarar lo que tanto
le interesaba.

Al instante logró de su padre una entrevista; y arrojándose á sus pies, le suplicó
que mandase volver á restituir á Elena á
su casa; pero la admiracion natural y verdadera del padre á esta súplica, puso al hijo en la desesperacion, y las miradas y el
semblante del marques no dejaban ninguna
duda acerca de la verdad de su declara-

cion. Vivaldi se convenció de que su padre ignoraba enteramente las medidas tomadas y ejecutadas contra Elena.

Por mas injuriosa que sea tu conducta, le dijo el marques, creeria manchar mi honor si emplease para corregirla ninguna especie de artificio y falsedad: he deseado eficazmente separarte de la union que proyectabas; pero para lograrlo no emplearé jamas otro medio que el uso de mi autoridad. Si persistes en tu resolucion, no la combatiré sino anunciándote las fatales consecuencias que te acarreará tu desobediencia... Desde este momento no te reconozco ya por hijo mio.

Diciendo estas palabras, se salió el marques, y Vivaldi no hizo ninguna tentativa para detenerle: su padre se acababa de explicar con mas energía que otras veces; pero sus amenazas no podian producir el efecto que esperaba en un corazon poseido de una pasion vehemente. Y el momento en que Vivaldi temia perder para siempre el objeto de su amor, no era á propósito para preveer los males venideros.

La entrevista que tuvo con su madre, fue de un caracter diferente: penetró la sospecha de Vivaldi, y á pesar de su disimulo, conoció su hijo la hipocresía de su madre lo mismo que habia conocido la franqueza del marques: pero no pudo excitar su compasion, ni adquirir ninguna noticia acerca de Elena.

Le quedaba Schedoni que examinar, y despues que salió del cuarto de su madre fue al convento del Espíritu Santo, y preguntó por el padre Schedoni: el portero le respondió que estaba en su celda, y Vivaldi le suplicó que le condujese.

No puedo dejar la puerta, le dijo; pero atravesando el patio, y subiendo la escalera de la derecha, llegareis á las celdas, y la tercera es la suya.

Vivaldi subió sin encontrar ningun viviente, y al llegar á la celda oyó gemidos: llamó varias veces, y no habiéndole respondido, se determinó á entrar, aunque la claridad era poca; miró con cuidado, y no vió ninguna persona: reparó en los muebles del cuarto, que eran una tarima con un colchon, una silla, una mesa con un crucifijo, algunos libros devotos, uno de ellos escrito en caractéres desconocidos, y varios instrumentos de penitencia, cuya

vista estremeció á Vivaldi, aunque ignoraba su uso. Bajó al patio, y el portero le dijo: si no está en su celda, es regular que le
halleis en la iglesia ó en el jardin, porque
no ha salido hoy de casa.

¿Le visteis venir anoche? preguntó Vivaldi prontamente.

Sí, respondió el hermano con admiracion: vino á las vísperas.

¿Estais seguro de eso? ¿Estais cierto de
que ha dormido anoche en el convento?

¿Y quién sois vos para hacer semejante
pregunta? le dijo el portero con enfado:
sin duda ignorais las reglas de nuestra ór-
den: ningun religioso puede pasar la noche fuera del convento, sin exponerse á un
severo castigo; y el padre Schedoni es incapaz de violar de ese modo la regla. Es un
santo. ¡Pasar él la noche fuera! Id á la
iglesia, y allí le encontrareis.

Vivaldi no se detuvo á contestarle; echó
á andar diciendo para sí: ¡el hipócrita! yo
le quitaré la máscara.

La iglesia estaba desierta, y reinaba en
ella un profundo silencio: yo no sé, decia, si los habitantes de esta triste mansion
huyen cuando me acerco....... Tal vez será

la hora de la meditacion, y estarán los religiosos retirados en sus celdas.

Seguia por un lado, cuando oyó el ruido de una puerta que cerraban á lo lejos: volvió la vista hácia aquel sitio, y á la escasa luz que entraba por las vidrieras pintadas distinguió un religioso de pie, é inmóvil, y se dirigió á él.

El fraile no se retiró, ni volvió la cabeza á mirar al que se acercaba; permaneció en la misma actitud, como si fuera de mármol: en su estatura alta y su flaqueza, se parecia á Schedoni, y Vivaldi examinando con atencion su rostro, medio cubierto con la capucha, reconoció la fisonomía pálida y adusta del confesor.

Al fin os he hallado, padre: tengo que hablaros en secreto, y este lugar no es á propósito para el asunto que debemos tratar.

Schedoni no respondió nada, y Vivaldi mirándole otra vez, observó que sus facciones estaban sin movimiento, y sus ojos fijos en el suelo; parecia que no habia oido las palabras de Vivaldi.

Levantando este la voz, repitió lo que le acababa de decir, sin advertir la menor

mudanza en la fisonomía de Schedoni.
¿A qué viene esa mogiganga? le dijo impaciente é indignado: no os salvará ese miserable efugio, porque he descubierto vuestros artificios: disponed al instante que vuelvan á Elena á su casa, ó decid el sitio á donde la habeis mandado llevar.

Schedoni guardaba el mismo silencio é immovilidad: el respeto á su edad y al estado religioso, contuvo á Vivaldi para no alzarle la mano, y el ardor de su impaciencia é indignacion, contrastaba admirablemente con la insensibilidad del religioso, que se parecia á la de la muerte. Ahora os conozco, continuó Vivaldi, por mi perseguidor de Paluci: vos me habeis anunciado antes las desgracias que habeis realizado despues: vos habeis predicho la muerte de la señora Bianchi..... Schedoni arrugó entonces las cejas. Vos me habeis dicho la partida de Elena: vos sois el que me encerró en la fortaleza de Paluci: vos sois el profeta y autor de todos mis tormentos.

El religioso levantó entonces los ojos, y dió á Vivaldi una mirada terrible y expresiva; pero sin proferir una palabra.

Sí, reverendo padre, prosiguió Vivaldi

con la misma vehemencia; ya os conozco, y haré que os conozca todo el mundo: yo os arrancaré esa máscara de hipocresía que no os quitais jamas: yo manifestaré á toda vuestra orden las odiosas maniobras que habeis empleado, y los males que han producido, y publicaré vuestro caracter.

Mientras Vivaldi desahogaba de este modo su indignacion, el religioso habia bajado otra vez los ojos, y tomado la misma actitud que antes.

¡Malvado! vuélveme á Elena, exclamó Vivaldi, cuya desesperacion se aumentaba infinito. ¿Dime dónde está? ó yo te obligaré á ello. ¿A dónde la has mandado conducir? ¿á dónde?

Estas voces y el acento apasionado con que las pronunciaba, atrajo á la iglesia muchos religiosos que pasaban por los claustros. Uno de ellos admirando la tranquilidad y la actitud singular de Schedoni por una parte, y por otra la agitacion frenética de Vivaldi, se acercó, y asiendo á este del vestido, le dijo: ¿qué es lo que haceis? ¿no veis?......

Veo, dijo Vivaldi, desasiéndose del religioso; veo un vil hipócrita enemigo de mi reposo.

Calmad esa violencia, le dijo el religioso; temed la venganza del cielo. ¿No veis la santa meditacion en que está sumergido? salios de la iglesia: no sabeis al riesgo que os exponeis.

No saldré de aqui, dijo Vivaldi, dirigiéndose siempre á Schedoni, y sin mirar al que le amenazaba; no saldré de aqui hasta que me respondais ¿dónde está Elena Rosalba?

El confesor conservaba siempre la misma postura. ¡Esto es insufrible, exclamó Vivaldi, ni hay paciencia que lo pueda tolerar! responde ó tiembla que lo manifieste todo. ¿Conoces el convento de nuestra Señora del Pianto? ¿Conoces el confesonario de los Penitentes Negros?

Vivaldi advirtió entonces alguna alteracion en el semblante de Schedoni. ¿Te acuerdas de la terrible tarde en que á los pies del penitenciario se confesó un crímen que?......

Schedoni levantó los ojos, y fijándolos en Vivaldi con una mirada que queria darle la muerte, sal de aqui, le dijo con voz terrible, sal de aqui, joven sacrílego; tiembla las funestas resultas de tu impiedad.

Al decir estas palabras se alejó precipitadamente, y deslizándose como una sombra, entró en los claustros, y desapareció. Vivaldi quiso seguirle; pero le detuvieron los frailes que le rodeaban: insensibles á sus penas, é irritados por sus discursos, le amenazaron, si no salia al instante del convento, que le encerrarian y le harian sufrir el castigo que merecia por haber insultado á un religioso, y turbado sus prácticas de penitencia.

En efecto, necesita hacerla, dijo Vivaldi: ¿pero cómo me volverá la felicidad que me ha quitado para siempre? Un hombre semejante es un oprobio para vuestra orden.

Callad, replicó un religioso: es la gloria de nuestro convento: su piedad es severa para los otros, y mas todavía para sí mismo.... Pero este lenguage es desconocido á un hombre que no comprende nuestros sagrados misterios, ni respeta las santas prácticas de nuestra religion.

Llevadle al padre abad, gritaba furioso otro fraile: metedle en la prision.

Llevémosle, dijeron los demas, asiendo á Vivaldi; pero su cólera y su indignacion le dieron fuerzas, se escapó de sus manos, y salió corriendo á la calle.

Vivaldi llegó á su casa en un estado digno de compasion, y vió á su madre, que triunfante con el éxito de sus proyectos, se mostró enteramente insensible á la tristeza de su hijo.

La marquesa supo las disposiciones para el matrimonio, y consultó á su confesor acerca de los medios de impedirlo. Este la habia comunicado el plan que ella adoptó, y cuya ejecucion le habia sido mucho mas facil, porque tenia amistad con la abadesa de S. Estéban, y conocia su caracter y disposicion, capaces de desempeñar á su gusto este negocio : la respuesta de la abadesa á las primeras proposiciones, no solo manifestó complacencia, sino mucho zelo en ayudar las miras de la marquesa: no habia apariencia de que esta, movida por las lágrimas y tormentos de su hijo, abandonase un plan tan bien concebido, y cuya ejecucion habia principiado. Vivaldi se arrepintió de haberlo esperado, y se retiró con un abatimiento próximo á la desesperacion.

Pablo dió cuenta á su amo de las diligencias inútiles que habia hecho para saber de Elena, y Vivaldi pasó el resto del dia en una extremada agitacion.

Por la tarde, no permitiéndole su inquietud permanecer en parte alguna, salió de su casa, y sin saber donde iba, se halló á la orilla del mar en el camino de Villa Altieri, en donde habia varios pescadores y mozos aguardando los barcos de Santa Lucía. Vivaldi, con los brazos cruzados y el sombrero sobre las cejas para no ser conocido, seguia por la orilla del mar entregado á las angustias de la desesperacion, y acusándose su indolencia en procurar saber el camino que habia llevado Elena: aunque no sabia qué medios habia de adoptar para conseguirlo, se resolvió á dejar á Nápoles, y no volver á casa de sus padres hasta no haber logrado la libertad de su amada.

Preguntó á unos pescadores si le querian alquilar un barco para costear la bahía; porque le parecia probable que la hubiesen conducido por agua á alguna ciudad ó convento cercano.

No tengo mas que un bote, y está malo, le repondió uno de los pescadores; pero mi compañero Cárlos os servirá. ¡Eh! Cárlos, puedes alquilar tu barco á este caballero?

Cárlos no respondia, porque estaba hablando á una porcion de hombres que le escuchaban con mucha atencion. Vivaldi al acercarse, se admiró de la vehemencia y de los gestos con que hablaba: uno de los que le escuchaba parecia que dudaba: te digo, repetia el pescador, que sé muy bien la casa: yo llevaba alli pescados dos ó tres veces cada semana, y eran gentes muy honradas: como digo, cuando llamé á la puerta oi sollozos, y conoci la voz de la criada que pedia socorro; pero como la puerta estaba cerrada, fui á llamar á Bartolo, y mientras tanto llegó un jóven bien vestido, y entrando por la ventana, la puso en libertad: despues supe toda la historia.

¿Qué historia? ¿De quién hablais, preguntó Vivaldi?

Ahora os lo contaré, respondió el pescador; y al mirarle añadió: ¡calla! vos sois el mismo que vi allá: ¿no sois vos el que libertó á Beatriz?

Vivaldi, que desde luego conoció que aquellas gentes hablaban de la aventura de Villa Altieri, les hizo mil preguntas sobre el camino que habian seguido los robadores de Elena, y no pudo saber cosa de importancia.

Yo no extrañaré, dijo un mozo que había estado escuchando sin hablar una palabra; no extrañaré que el coche que ha pasado por Braceli aquella misma mañana, y que iba enteramente cerrado á pesar del calor que hacia, fuese el que llevaba á la señorita que robaron.

Esta insinuacion reanimó á Vivaldi, que recogió todas las noticias que le pudieron dar aquellas gentes, y se reducian á que habia pasado un coche muy de prisa por Braceli la mañana del dia que Elena habia desaparecido. Determinó, pues, marchar allá con la esperanza de informarse del maestro de postas, y poder conjeturar qué camino seguian los robadores de Elena.

Con este designio volvió á casa de sus padres, no para darles parte de su proyecto, ni para despedirse de ellos, sino á esperar á Pablo, á quien queria llevar consigo. Alentado con la esperanza, y creyendo que ignorasen su intento los que tenian interes en impedirle, no tomó ninguna precaucion contra las medidas que podian tomar para no dejarle salir de Nápoles, ó para detenerle en su viage.

CAPÍTULO X.

Sobresaltada la marquesa por algunas palabras que se le escaparon á Vivaldi en su última conversacion, y por algunas otras circunstancias, envió á buscar á su consejero Schedoni: conmovido todavía por el insulto que habia sufrido en la iglesia del Espíritu Santo, obedeció con trabajo y repugnancia; pero con la esperanza de hallar algun medio de vengarse de Vivaldi.

La publicacion de su hipocresía, y la ridiculez que habia caido sobre su afectada meditacion y contemplacion devota, estaban profundamente grabadas en su corazon; y este recuerdo agitaba todas las odiosas pasiones de su alma, y meditaba la mas terrible venganza: ya hemos dicho que la ambicion era el móvil mas poderoso de sus acciones, y que para satisfacerla habia fingido siempre una piedad severa. Muchos hermanos que le aborrecian y habian penetrado sus miras y exagerado sus faltas, y que le envidiaban la reputacion de santidad que habia adquirido, se complacian de la mortificacion que acababa de sufrir, y se aprovechaban de ella para denigrarle : no tenian reparo en anunciar su triunfo, y atacar su reputacion con insinuaciones adversas y sonrisas amargas y de menosprecio; y Schedoni, aunque muy digno de este tratamiento, no era hombre capaz de soportarle.

Le sobresaltaban principalmente algunas preguntas de Vivaldi, relativas á su vida pasada, y ellas le habian obligado á salir de la iglesia con tanta precipitacion: era muy verosímil que, segun el terror que habia concebido, procurase sepultar en la tumba con Vivaldi este fatal secreto, si el temor de acarrearse el resentimiento de su familia no le hubiera contenido : desde aquel momento no habia disfrutado tranquilidad, ni descanso; apenas habia probado el alimento, y habia permanecido casi siempre arrodillado al pie del altar mayor. Las personas devotas que le veian, se paraban y admiraban su fervor; pero los hermanos que no le amaban, se sonreian desdeñosamente. Schedoni, insensible en la apariencia á la admiracion, y al desprecio, parecia que se olvidaba de este mundo, y se preparaba para otro mejor.

Los tormentos de su alma y sus morti-
ficaciones le habian mudado de tal modo,
que mas parecia un espectro que un hombre: tenia el rostro pálido, las facciones
desencajadas, y los ojos hundidos, y casi
sin movimiento: sin embargo, su aire y
ademan conservaban todavía una energía
extraordinaria, que parecia sobrenatural.

Cuando le mandó llamar la marquesa,
su conciencia le hizo temer que Vivaldi
hubiese publicado algunas cosas de las que
habia indicado, y desde luego resolvió no
presentarse; pero considerando que de este
modo aumentaba las sospechas, se determinó á sufrir esta prueba, de la cual esperaba salir con su destreza ordinaria.

Agitado de estos sentimientos entró en
el gabinete de la marquesa, que se estremeció al verle, y no podia apartar la vista
del rostro del confesor, admirada de la alteracion que manifestaba.

Su asombro causó á Schedoni una turbacion que no pudo disimular: la paz sea
con vos, hija mia, la dijo sin levantar los
ojos, y se sentó.

Padre, quiero hablaros de un asunto importante, le dijo la marquesa, y que sin duda

no ignorais: calló, y Schedoni no la respondió sino inclinando la cabeza, temiendo lo que iba á decir.

Vos callais, padre: ¿qué debo inferir de este silencio?

Que habeis sido mal informada, respondió Schedoni, vendiéndose él mismo con una justificacion anticipada.

Perdonad, padre, que lo sé muy bien, y no os hubiera enviado á llamar si me hubiera quedado la menor duda.

Desconfiad, señora, de lo que os han dicho: no ignorais las consecuencias de una credulidad anticipada, dijo imprudentemente Schedoni.

¿Acaso me suponeis tan inconsiderada?.... Nos han vendido.

¡Nos han!.... dijo el confesor tranquilizándose.... ¿Qué ha sucedido?

Entonces le contó la marquesa la ausencia de Vivaldi, y de ella inferia que habia descubierto el retiro de Elena, y los autores del robo.

Schedoni no pensaba como ella; pero la previno que ya no se podia esperar del jóven ninguna sumision, y que era preciso tomar medidas mas severas.

¡Mas severas, padre! exclamó la marquesa. ¿No basta encerrarla por toda su vida?

Señora, digo medidas mas severas con vuestro hijo: cuando un jóven olvida todos los principios de la religion hasta el punto de insultar á los ministros del altar en medio de los ejercicios de piedad, es preciso reprimir con firmeza su culpable audacia.

No me agradan tales medidas; pero la conducta de vuestro hijo las hace indispensables, y la opinion pública las reclama: si solo se tratase de mí, hubiera sufrido con paciencia sus insultos, como una mortificacion saludable para purificar el alma de los sentimientos de orgullo que los hombres mas virtuosos conservan sin saberlo. El bien público exige el ejemplo de un castigo severo de la horrible impiedad de que vuestro hijo, indigno de tal madre, se ha hecho criminal.

El estilo solo de esta acusacion manifestaba bien que el resentimiento de Schedoni le hacia olvidar y abandonar su destreza ordinaria, y su insinuante y profunda política.

¿Padre, dijo la marquesa asombrada, de qué impiedad se ha hecho culpable mi hijo?

os ruego que hableis con claridad, y os mostraré que sé olvidar los sentimientos de madre, y revestirme de los de un juez severo.

Hablais, hija mia, con aquella grandeza de alma que os distingue. Un juicio recto concibe que la justicia es la primera de las virtudes morales, y que la misericordia pertenece á las almas débiles.

Schedoni, confirmando á la marquesa en la resolucion que anunciaba, tenia otras miras ulteriores: queria disponerla á adoptar las medidas que pensaba tomar para saciar su venganza, y no ignoraba que el mejor medio era lisonjear su vanidad. Alabó en ella las cualidades que podian favorecer sus proyectos; la animó á despreciar las opiniones vulgares, dando á la dureza el nombre de justicia, y llamando fuerza de alma á la rígida insensibilidad.

La contó despues la conducta de Vivaldi en la iglesia del Espíritu Santo; exageró las circunstancias; inventó otras, y formó una pintura monstruosa de impiedad y de insulto sin provocacion.

La marquesa le escuchó con sorpresa é indignacion; y la facilidad con que se determinó á seguir los nuevos consejos del confesor , reanimó en este la esperanza de lograr en breve una asombrosa venganza.

Entretanto ignoraba el marques lo que habia pasado en la conferencia de su esposa y Schedoni: habian sondeado sus sentimientos, y, como le hallaron enteramente opuesto á las medidas artificiosas y violentas que se proponian adoptar, no quisieron consultarle segunda vez. El amor paternal comenzaba á renacer en su corazon, y la larga ausencia de su hijo, le causaba un desasosiego, que no podia ocultar: aunque celoso de su nobleza y su estado, amaba á Vivaldi, y conocia que si este llegaba á descubrir el retiro de Elena, se apresuraria, por el temor de volver á perderla, á contraer unos vínculos indisolubles. Temia por otra parte las resultas de la desesperacion de Vivaldi si no hallaba á Elena; y en esta lucha de temores y deseos sufrió una agitacion casi tan violenta como la que habia experimentado su hijo.

Las instrucciones que el marques dió á los criados que envió en busca de Vivaldi, fueron tan hijas de su turbacion, que ninguno las entendió; y como la marquesa le habia ocultado cuidadosamente el sitio en donde estaba Elena, los criados no se dirigieron por el camino de San Estéban.

Mientras el marques daba estas órdenes, y Schedoni y la marquesa formaban nuevos planes, Vivaldi corriendo de ciudad en ciudad y de aldea en aldea, procuraba adquirir noticia de Elena.

En la posta de Braceli le habian dicho que un coche semejante á aquel por el cual preguntaba, habia mudado caballos tal dia á tal hora, y habia seguido el camino de Morgani. Vivaldi se dirigió á aquella ciudad, y no pudo adquirir ninguna noticia, porque el maestro de postas, á quien preguntó, nada sabia: el camino se dividia alli en tres direcciones diferentes, y Vivaldi tuvo que seguir una de ellas á la ventura, determinado á visitar todos los pueblos que encontrase á uno y otro lado del camino.

Habia ya recorrido algunos parages de los mas escabrosos del Apenino, que parecia que los hombres civilizados habian abandonado á los salteadores, y registrado varios monasterios situados en aquellos desiertos inaccesibles sin fruto alguno, cuando al séptimo dia de su viaje se perdió en los bosques de Rugieri.

Habia seguido el camino hasta un sitio en que se dividia en muchas sendas que se introducian en el bosque. El sol iba á ponerse, y Vivaldi comenzaba á desanimarse, á tiempo que Pablo, siempre alegre, comenzó á celebrar la frescura apacible de los bosques, y añadió que si se veian precisados á pasar alli la noche, treparian sobre un castaño, y entre sus ramas lograrian un alojamiento mas aseado y cómodo que el de algunas posadas.

Pablo sacaba de este modo el mejor pàrtido posible de su situacion, y Vivaldi permanecia sumergido en sus meditaciones acostumbradas, cuando oyeron á lo lejos el sonido de algunas voces é instrumentos. La oscuridad de los árboles impedia distinguir los objetos distantes, y asi tuvieron que escuchar con atencion de qué lado venia el eco, y advirtieron que eran cánticos religiosos.

Estamos, dijo Pablo, cerca de algun convento : sí, respondió Vivaldi ; caminemos. ¿Distingues algun campanario?

No señor; pero nos acercamos al ruido. ¿No advertis que acordes cantan? No hay duda que estamos cerca de algun convento.

Seguian caminando, cuando cesó del todo la música; pero oyeron rumor, y llegaron á un claro, en donde hallaron una
cuadrilla de peregrinos tendidos en la yer-
va, hablando y riyendo, al mismo tiempo
que cada uno de ellos sacaba del zurron y
ponia delante la provision para cenar. Uno,
que parecia el padre director de la cuadrilla, cóntaba cuentos, y se chanceaba y recibia lo que cada uno le daba de su cena
en justa retribucion: tenia delante una fila
de calabazas, y bebia abundantemente.

Vivaldi, cuyo temor se habia disipado,
se detuvo á observarlos á la débil claridad
que alumbraba el bosque; y acercándose
despues al gefe, le preguntó por donde podria salir al camino. El superior, despues
de haberle examinado, y advirtiendo en su
vestido, y en el criado, que era sugeto distinguido, le hizo muchos cumplimientos, y
le convidó á sentarse á su derecha y á cenar con la carabana.

Vivaldi aceptó el convite, y Pablo, habiendo atado los caballos á un árbol, se de-
dicó seriamente á cenar. Mientras su amo
hablaba con el gefe, atrajo la atencion de
toda la cuadrilla, y los peregrinos convi-

nieron en que era uno de los mejores compañeros que habian visto en su vida: manifestaron un gran deseo de que fuese con
ellos á visitar las capillas de un convento de
monjas carmelitas, que era el objeto de su
peregrinacion.

Cuando Vivaldi oyó que habia en las
cercanías un convento de religiosas, distante legua y media solamente, determinó
acompañarlos; porque era tan posible que
Elena estuviese encerrada en aquel convento, como en cualquiera otro. Se puso en
marcha á pie con los peregrinos, habiendo
dado su caballo al padre director.

Cerró la noche antes que llegasen á una
aldea en donde debian descansar; pero ali-
viaron la fatiga del camino con cuentos y
canciones, y parándose algunas veces de
orden del gefe á rezar alguna oracion ó á
cantar algun himno: cuando llegaron al pie
de la montaña se detuvieron para formarse
en procesion, y el superior, apeándose del
caballo, se puso al frente, y entonando un
himno, le siguió en coro toda la carabana.

Los aldeanos advertidos por aquella música estrepitosa, salieron á recibirlos, y los
condujeron á sus chozas. El lugar estaba

lleno de devotos peregrinos; pero los po-
bres aldeanos los recibian con mucha cari-
dad y respeto, y los cuidaron con el mayor esmero, lo cual no impidió á Pablo,
viéndose tendido sobre la paja, que echase
menos la cama de hojas de castaño.

Vivaldi pasó la noche muy agitado, esperando con impaciencia que llegase el dia
en que imaginaba encontrar á Elena: considerando que el vestido de peregrino le
pondria no solamente á cubierto de cualquier sospecha, sino que le facilitaria observar, lo que no podia hacer vestido como estaba, encargó á Pablo que adquirie-
se uno, que tomó este por un ducado, y al
amanecer se puso en camino.

Un corto número de peregrinos subia la
montaña, y Vivaldi se apartó de ellos si-
guiendo otra senda para ir solo con sus
pensamientos. El viento fresco de la mañana, agitando las copas de los árboles, á
cuya sombra caminaba, dulcificaba y aumentaba al mismo tiempo su melancolía,
y las escenas campestres que le rodeaban,
estaban acordes con el estado de su alma.
La inutilidad de las tentativas que habia
hecho hasta entonces, habia abatido mu-

cho la violencia de sus primeros movimientos, y habia dado á sus sentimientos gravedad y elevacion: experimentaba una tristeza agradable á vista de las rocas y de los precipicios de las montañas cubiertas de bosques sombríos, y de las vastas soledades por donde caminaba. Descubria por entre los árboles el convento, y exclamaba: "¡Ay; si estuviera alli! No quiero entregarme á estas ilusiones, ni exponerme al dolor mortal de verlas desvanecerse otra vez. No dejaré de seguir mis pesquisas: pero nada espero: sin embargo, ¡si estuviera alli!"

Atravesó las primeras berjas del convento, y entró en el patio, en donde se aumentó su ilusion al mirar el claustro desierto y silencioso. Salió el portero, y Vivaldi, temiendo que advirtiese que no era un peregrino, se echó la capucha sobre la cara, pasó adelante sin hablarle, aunque no sabia el camino que conducia á la capilla que iban á visitar los peregrinos. Entró en la iglesia, que era un edificio magestuoso separado de las demas partes del convento: su nave inmensa cubierta con una elevada bóveda, iluminada con una débil claridad:

un religioso y un peregrino que atravesaban sin rumor como sombras; una calma profunda; la luz débil de las bujías del altar mayor; las lámparas que alumbraban las capillas; todas estas circunstancias llenaron el corazon de Vivaldi de un santo terror.

Seguia á algunos peregrinos que iban por uno de los lados de la iglesia á una especie de patio, cubierto en parte por una enorme roca, debajo de la cual estaba construido un subterráneo ó capilla consagrada á nuestra Señora del monte Carmelo. El recinto del patio estaba formado por la roca y por la espalda del coro de la iglesia : solamente habia al Sur una pequeña abertura que dejaba ver el paisage, cuyo espectáculo hermoso contrastaba con la oscuridad de la gruta.

Vivaldi entró en ella, y vió la imagen de nuestra Señora detras de un enrejado de filigrana de oro, adornada de flores, é iluminada por un gran número de lámparas y bujías. Las gradas del altar estaban cubiertas de peregrinos arrodillados: Vivaldi hizo lo mismo, y á poco rato oyeron el órgano y las voces de los coristas que anun-

ciaban que se iba á celebrar la primera misa.
Vivaldi dejó la gruta, volvió á la iglesia, é
iba á salir de ella, cuando oyó tocar una
campana como á la agonía; pero luego distinguió una multitud de voces de mugeres
entre los sonidos graves de los religiosos y
el eco de la campana.

Se acercó al coro, cuyo piso estaba sem-
brado de hojas de palma y de flores, y un
paño de terciopelo negro cubria las gradas
del altar, donde esperaban muchos sacerdotes guardando un profundo silencio. Por
todas partes se veian los preparativos de
una ceremonia religiosa, y los cánticos se
fueron acercando hasta que Vivaldi vió llegar una procesion de religiosas.

La abadesa venia vestida de ceremonia:
la seguian las monjas segun el orden de su
antigüedad, y detras las novicias con luces,
y otras monjas con hábito diferente.

Entraron en la iglesia, y se colocaron en
el sitio que les estaba destinado: Vivaldi
sobresaltado, preguntó á un religioso que
estaba á su lado, qué ceremonia era aquella. Es, le respondió, una profesion: hoy
es la fiesta de nuestra Señora, patrona del
convento, y toman el hábito las que quie-

ren consagrarse á Dios. ¿Cómo se llama la novicia, repitió Vivaldi con voz trémula? No lo sé, respondió el religioso observándole con atencion; pero es aquella que está á la derecha de la abadesa apoyada en el brazo de la religiosa, la que tiene el velo blanco, y es mas alta que las demas.

Vivaldi la miraba lleno de temor, y aunque no conoció que fuese Elena, era tal su ilusion, que lo temia. Miró á todas las otras; pero aunque tenian los velos medio alzados, estaban puestos de tal manera, que era mas dificil distinguir su fisonomía, que si los tuvieran echados.

Principió la ceremonia con una exhortacion del padre abad, y la novicia arrodillada delante de él, pronunció el voto. Vivaldi puso la mayor atencion; pero habló con voz tan apagada y trémula, que apenas la pudo percibir. Durante el rato de la funcion, le pareció que oia entre el cántico de las religiosas aquella voz tan afectuosa y expresiva que por la primera vez cautivó toda su atencion en la iglesia de San Lorenzo. Escuchó de nuevo sin atreverse á respirar, y se confirmó en que estaba alli Elena: se esforzó sin embargo á contener

su emocion, y resolvió esperar á que alguna circunstancia disipase sus dudas; pero
cuando el padre abad fúe á quitar el velo
blanco á la novicia para ponerla el negro,
se estremeció de nuevo, y le costó mucho
trabajo en no adelantarse y descubrirse.

Quitáronla el velo blanco, y vió un rostro hermoso; pero no era el de Elena. Concluida esta ceremonia, principió otra para
recibir una novicia: una joven sostenida
por dos religiosas, se acercó al altar, y
cuando el abad iba á comenzar la exhortacion, levantó el velo, y manifestando un
rostro en que el dolor estaba mezclado con
una dulzura celestial, alzó al cielo los ojos
llenos de lágrimas, é hizo seña de que queria hablar. Era la misma Elena, que al
principiar el sacerdote, le interrumpió diciendo con voz alta y magestuosa: "protex-
»to en presencia de todos los asistentes, que
»me han conducido aqui contra mi volun-
»tad para que pronuncie unos votos que
»rehusa mi corazon: protexto....."

Una multitud de voces la interrumpieron al mismo tiempo que vió á Vivaldi
precipitarse al altar. Elena fijó en él los
ojos un momento, le tendió las manos im-

plorando su auxilio, y cayó desmayada en brazos de las religiosas, que no pudieron impedir á Vivaldi que se acercase á ella. Las angustias que padeció al verla casi sin vida, y el acento tierno y doloroso con que pronunció su nombre, excitaron la compasión de las mismas religiosas, particularmente de Olivia, que se apresuraba mas que ninguna á dar la vida á su amiga.

Elena volvió en sí, y viendo á Vivaldi, le dió una mirada, cuya expresion parece que decia que no se habia debilitado su amor, y que al verle olvidaba hasta su cautiverio. Dijo que queria retirarse; y asistida de Olivia y de Vivaldi, iba á salir de la iglesia y dirigirse á su cuarto, cuando la abadesa mandó que le enviasen el forastero á su locutorio.

Vivaldi no queria obedecer aquella orden; pero cedió á los ruegos de Olivia y á las dulces exhortaciones de Elena, y despidiéndose de esta, se dirigió al locutorio. No iba sin esperanzas de excitar en el corazon de la abadesa sentimientos de justicia ó de compasion; pero halló en ella unas nociones de moral que la hacian ser inexorable. Su orgullo y su indignacion por la resistencia de Elena, ahogaban en ella todos los demas sentimientos. Principió su sermon declarando la amistad que la unia hacia ya mucho tiempo con la marquesa; manifestó el dolor que la causaba ver al hijo de una persona que amaba olvidar sus deberes y el honor de su casa, hasta querer unirse con una muchacha del estado de Elena Rosalba; y concluyó reprendiéndole con severidad la osadía que había tenido de turbar la tranquilidad de un convento religioso, y de escandalizar hasta en el santuario mismo.

Vivaldi tuvo la paciencia de oir aquellas palabras de moral y de religion de boca de una persona que en aquel momento violaba, no solamente sin escrúpulo, sino con jactancia, las leyes mas claras de la justicia y de la humanidad; que habia contribuido á arrancar á una huérfana de su morada, y que habia intentado privarla para toda su vida de la libertad y de los bienes que la acompañan. Pero cuando habló de Elena como de una criminal, y del castigo que merecia por haberse negado públicamente á los votos que la pedian, Vivaldi no pudo ya contener su indignacion

y su desprecio á la superiora, y la hizo un
retrato de sí misma con todos los colores
de la verdad. Pero el que no se persuade
por la humanidad, no se convence con la
razon, y la personalidad le hace igualmente inaccesible á estos dos géneros de ataque.
Vivaldi no consiguió mas que ofender el orgullo de la abadesa, y esta solo le respondió con amenazas.

Vivaldi dejó á la abadesa, y creyó hallar
otro recurso en el abad de la comunidad de
los religiosos, que estaba inmediato. Esperaba que su crédito, ya que no su autoridad, dulcificase la violencia y la severidad
de la superiora; pero el caracter suave y
fácil del abad, opuesto al de la abadesa, era
débil y tan culpable como el de esta, porque se le podia atribuir el mal que dejaba
hacer con tanta justicia como al que le
proyectaba.

Escuchó con paciencia la exposicion co-
medida y las eficaces solicitudes de Vivaldi
para obligarle á emplear su autoridad en
la libertad de Elena; lamentó la situacion
de esta joven, deploró la desgraciada divi-
sion que habia entre Vivaldi y su familia,
y se excusó de mezclarse en un negocio tan

delicado. La señora Rosalba, le dijo, ha sido confiada á la abadesa, sobre la cual no tengo ninguna autoridad en materias que pertenecen á su administracion interior. Vivaldi le suplicó entonces que intercediese á lo menos, é hiciese presente á la abadesa la injusticia que cometia teniendo á Elena prisionera, y la obligase á enviarla á su casa, de donde la habian sacado.

Lo que me pedis, le respondió el abad, está tambien fuera de los límites de mi jurisdiccion, y me he propuesto siempre no introducirme en la de los demas.

¿Y qué, reverendo padre, veréis cometer á vuestros mismos ojos una injusticia clara y atroz, y no os esforzareis á impedirla?

Os lo repito; no impido nunca á los otros el ejercicio de su autoridad; les dejo obrar en su esfera y hacerse obedecer, como yo hago en la mia.

El poder, dijo Vivaldi, es para vos la única regla de la justicia. ¿Cuál moral es la que permite cometer el crímen que se puede impedir? Todo el mundo tiene derecho de exigir de un hombre que ocupa una plaza importante como la vuestra un valor activo, y vos no teneis la alternativa de dejar hacer el mal, pudiendo impedirlo por vuestra resistencia. ¿Querriais acaso que los principios contrarios que acabais de anunciar se practicasen en el mundo?

¿Y vos, replicó el abad, quereis que el mundo entero se equivoque para tener la gloria de dirigirle? Creedme; os dejais alucinar por un falso entusiasmo: me obligais á ver en vos un caballero andante que recorre la tierra desafiando á todos para enderezar tuertos. Es lástima que hayais venido al mundo tan tarde.

¡Entusiasmo en la causa de la humanidad!..... Pero se detuvo desconfiado de poder conmover un corazon endurecido por la prudencia del egoismo; é indignado de ver una indiferencia tan culpable en sus consecuencias, dejó al abad sin hacer nuevos esfuerzos. Conoció la necesidad de emplear otros medios y artificios que su alma noble miraba con horror; pero á los cuales era preciso recurrir, ya que no le quedaba otro camino para salvar la víctima inocente del orgullo y de las preocupaciones de su familia.

Elena retirada en su celda, y entregada á sentimientos y emociones encontradas, es-

peraba con impaciencia la llegada de Olivia, que sabria el resultado de la conferencia de Vivaldi y la superiora, y podria decirla si estaba todavía en el convento.

Por la tarde vino Olivia y la trajo noticias tristes: la contó la repulsa de la abadesa y la partida de Vivaldi. Elena se
abandonó entonces al dolor y á la desesperacion, y conoció toda la violencia de su
amor y todo el horror de su situacion. La
injusticia con que la trataba aquella orgullosa familia la dispensaba en adelante de
todo miramiento; pero esta persuasion era
inútil en el estado en que se hallaba.

Olivia la mostró el mas tierno interes, y
fuese por la semejanza de sus desgracias con
las de Elena, ó por otra causa que la con-
moviese mas profundamente, sus ojos se
llenaban de lágrimas al mirar á su amiga,
y experimentaba una emocion tan grande,
que Elena no podia observar sin sorpren-
derse; pero era tal su delicadeza, y estaba
tan agitada con su propio interes, que no
preguntó á Olivia la causa.

Fuése esta, y Elena subió á la torrecilla
esperando aliviar sus penas con el espectáculo de las bellezas de la naturaleza, esce-

na magestuosa y tranquila que rara vez
deja de elevar el alma y calmar sus tormentos. Era para Elena una especie de música dulce y solemne semejante á la del
ángel de Milton, que apacigua las tem-
pestades, y hace cesar la agitacion de los
bosques conmovidos por el furor de los
vientos.

Sentada junto á la ventana observando
los últimos rayos del sol que doraban las
cimas de las montañas, oyó entre las rocas
que estaban debajo de la ventana el sonido de una flauta, cuyo instrumento no habia oido hasta entonces en San Estéban.
Recibió una impresion dulce y melancólica, que se apoderó de su alma: los sonidos,
debilitándose por grados que parecia que
pintaba el abatimiento de un corazon sensible, y el gusto delicado de la música,
casi la convencieron que el músico era
Vivaldi.

Mirando con atencion, distinguió una
persona encaramada en la punta de una
roca, á donde parecia imposible que hubiera podido subir, ni mantenerse, sin caer en
el precipicio, sino por algunos arbustos en-
trelazados por aquella parte. La oscuridad

no la permitió al pronto ver á Vivaldi, cuyo peligro la estremecia hasta que él mismo la vió, y ella oyó su voz.

Vivaldi supo de un lego que Pablo habia ganado, y que trabajando en el jardin habia visto á Elena, el sitio en que tenia su habitacion, y la torrecilla á donde iba muchas veces, y Vivaldi á riesgo de su vida habia trepado por las rocas con la esperanza de hablarla.

Elena sobresaltada del riesgo á que le veia expuesto, no queria escucharle; pero él no permitió retirarse hasta despues de comunicarla un plan que habia formado para libertarla, asegurándola que podia fiarse en su palabra, y que la conduciria á donde ella quisiese. El lego habia consentido en ayudarle en aquella empresa mediante una generosa recompensa, y en introducirle en el convento con vestido de peregrino en la primera ocasion favorable que se presentase de ver á Elena. Vivaldi la suplicó que fuese al locutorio, si era posible, á la hora de comer, y la explicó en pocas palabras el motivo de este paso, que se fundaba en las circunstancias siguientes.

La abadesa, segun la costumbre observada en las grandes festividades, daba una colacion al padre abad y á los religiosos que asistian á los oficios divinos, y admitia tambien á algunos forasteros de distincion y á muchos peregrinos. Las religiosas tocaban despues un concierto.

Toda la comunidad debia estar ocupada en la funcion, y seria fácil á Vivaldi, que sabia todas estas cosas por el lego, introducirse vestido de peregrino entre los espectadores. Instó á Elena para que procurase entrar en el cuarto de la abadesa, en donde podria instruirla de los medios de verificar la fuga. La dijo que tenia los caballos al pie de la montaña, y la conduciria á Villa Altieri ó al convento de la Piedad: Vivaldi esperaba que despues de salir del convento, le daria su mano; pero no quiso manifestarla sus esperanzas, temiendo que Elena imaginase que la imponia esta obligacion, y no aceptase su auxilio.

La esperanza de libertad, el deseo de restituirse á sus hogares, el temor de la oposicion de la familia de Vivaldi, causaron en Elena una agitacion y una incertidumbre extraordinarias que la impedian decidirse en aquel momento. Instaba á Vivaldi para que dejase aquel sitio peligroso, y le prometió que haria lo posible para introducirse en el locutorio de la adadesa.

Vivaldi permaneció en la punta de la roca hasta que se puso el sol; y despues de despedirse, empezó á bajar. Elena le seguia con los ojos segun se lo permitia la oscuridad, le veia caminar al borde del precipicio, saltar de roca en roca, hasta que le perdió de vista. Permaneció algun tiempo á la ventana; pero como no oyó cosa que la pudiera anunciar una desgracia, se volvió á la celda á reflexionar sobre los proyectos de Vivaldi.

A breve rato entró Olivia, cuyo semblante anunciaba el dolor y el sobresalto, y antes de hablar, registró el corredor y la misma celda.

Mis temores, hija mia, se justifican desgraciadamente. Sois sacrificada si no conseguis huir del convento esta misma noche: acabo de saber que la conducta que habeis tenido esta mañana, la ha mirado la abadesa como un insulto premeditado, y va á castigarle con lo que aqui llaman el *in pace*. ¡Ay! ¿por qué he de ocultaros que lo que os anuncio es la muerte misma? Porque ninguno ha salido jamas vivo de aquella horrible morada.

¡La muerte! dijo Elena aterrada: ¡cielos! ¿Por qué he merecido la muerte?

¡Ay! hija mia, esa pregunta es inútil. Tratemos de buscar los medios de huir de tan espantosa suerte: en lo mas retirado del convento hay un subterráneo abierto en la roca, cerrado con una reja de hierro, en donde encierran á las hermanas que han cometido una culpa enorme. Esta sentencia es por toda la vida: la infeliz se aniquila entre las cadenas y la oscuridad; no recibe mas alimento que el preciso para vivir y prolongar sus tormentos, hasta que cede á ellos, y halla un asilo en los brazos de la muerte: en nuestros libros se conservan ejemplos de este horrible castigo, impuesto por lo comun á muchas religiosas que cansadas de un género de vida que habian abrazado por las ilusiones de una imaginacion supersticiosa, ó por el rigor ó la avaricia de sus padres, las habian sorprendido al tiempo de escaparse del convento.

Yo misma he visto un ejemplo de esta severidad: he visto entrar la desgraciada víctima en aquella prision, de donde no salió viva, y he visto sus tristes restos depositados en el jardin. Por el espacio de dos años fue consumiéndose tendida sobre paja, privada hasta del débil consuelo de hablar algunas veces por detras de la puerta con las religiosas que la compadecian. ¡Y quién no la hubiera tenido compasion! sufrian un castigo las que se acercaban á la prision con este sentimiento : yo me expuse á él, y le he sufrido ¡gracias á Dios! con una secreta satisfaccion.

Esta satisfaccion se manifestó en la fisonomía de Olivia cuando hablaba, y sus facciones se agitaron con una dulzura, que Elena no habia admirado hasta entonces. La abrazó, y derramó abundantes lágrimas: despues de un corto silencio, la dijo Olivia: no dudeis, hija mia, que ofendida la abadesa, y deseosa de servir á la marquesa, aprovechará esta circunstancia de vuestra desobediencia como un pretexto para sepultaros en aquella horrible prision : las miras de la marquesa se cumplen de este modo sin obligaros á pronunciar los votos. ¡Ay! no dudo que mañana será el dia de vuestro sacrificio, que solo se ha retardado por la funcion de hoy.

Elena suspiró, y reclinó el rostro en el seno de su amiga ; ya no dudaba aceptar los socorros de Vivaldi, y solo temia que fuesen inútiles sus esfuerzos.

Olivia, que no adivinaba la causa de su silencio, la dijo: otras muchas cosas tenia que comunicaros; pero el tiempo urge. ¿Decidme de qué modo puedo socorreros? Estoy resuelta á exponerme segunda vez al castigo, si puedo servir todavía á una desgraciada.

Las lágrimas de Elena corrieron con mas abundancia al oir este rasgo de la generosidad de Olivia. ¿Pero, la dijo con voz trémula, si os sorprenden?....

Me castigarán con crueldad, respondió Olivia; pero este temor no me detiene.

¡Qué generosidad! exclamó Elena; pero yo no puedo sufrir que os expongais de esa manera.

Mi conducta, respondió modestamente la religiosa, no es enteramente desinteresada; porque mejor puedo soportar la pena á que me expongo, que la angustia horrible que padezco al aspecto de los tormentos de que he sido testigo. ¿Qué son las pe-

nas corporales en comparacion de las que
sufre el alma en esta situacion?

Alentada Elena de este modo por la generosidad de Olivia, le confió el proyecto
de entrevista con Vivaldi aquella noche, y
la consultó acerca de la posibilidad de ser
admitida en el locutorio de la abadesa. Re-
animada Olivia con este pensamiento, la dijo que no solamente era precio que se hallase en el locutorio á la hora de la merienda, sino que asistiese al concierto, donde
se admitian los forasteros, entre los cuales
se introduciria Vivaldi: Elena la expuso el
temor de que la viese la abadesa, y la mandase encerrar inmediatamente. Olivia la
tranquilizó ofreciéndola un hábito de religiosa que seria útil, no solo para entrar
en el locutorio de la abadesa, sino para favorecer su fuga.

Entre la multitud de religiosas que habrá en el locutorio, y estando todas ocupadas en la funcion, no es verosímil que ninguna os conozca. Si la superiora se acuer-
da, creerá que estais encerrada en vuestro
cuarto: alentaos, hija mia, con la esperanza: escribid un billete para instruir á Vi-

valdi de que consentis en sus proyectos, y
de la necesidad urgente de no diferir un
momento la ejecucion: no faltará ocasion
de entregársele por la reja.

En este instante tocaron la campana
para el concierto. Olivia salió á buscar un
hábito y un velo, y Elena escribió á Vivaldi el billete que habia de enterarle de
su resolucion.

CAPÍTULO XI.

Disfrazada Elena con el hábito y velo
que la habia dado Olivia, bajó á la sala del
concierto, y se reunió con las demas religiosas que estaban detras de la reja del locutorio. Por la parte de afuera se hallaban
los frailes, los peregrinos y algunos forasteros vestidos al uso del pais. Elena no vió
á ninguno que se pareciese á Vivaldi, y se
imaginó que aunque estuviese alli, no se
atreveria á manifestarse todavía. Ella por
su parte, tampoco se podia dar á conocer
levantando el velo que la ocultaba de la
abadesa y de Vivaldi; y esperaba un momento favorable para descubrirse á los fo-

rasteros sin que lo advirtiesen las hermanas.

Cuando llegó la abadesa, se apoderó de Elena un temor extraordinario, porque se figuraba que la vista de la superiora solo se fijaba en ella, y que penetrando hasta el velo que la ocultaba, iba á conocerla.

Despues que la abadesa habló algunos momentos con el padre abad y otros forasteros de distincion, se sentó en el sillon, y principió el concierto con una de aquellas arias de mucha ejecucion que se cantan con tanto gusto y perfeccion en los conventos de Italia. Hasta la misma Elena olvidó el peligro en que se hallaba, y tuvo ánimo para contemplar una escena, cuyo golpe de vista era admirable y magnífico. En una sala abovedada de grande extension iluminada con infinito número de bujías, y cuyos muebles y adornos, aunque de exquisito gusto, presentaban una perspectiva respetuosa y séria, se habian reunido como unas cincuenta religiosas vestidas con gracia y sencillez. La finura de sus facciones y la belleza de algunas de ellas, formaba un contraste con el semblante magestuoso y severo de la madre abadesa, que sentada en un sillon elevado sobre una gradería, y separado de la concurrencia, parece que estaba recibiendo los homenages que la tributaban el respetable y anciano padre abad, y sus religiosos colocados del otro lado de la reja que dividia la sala. Junto aquel estaban los forasteros de distincion vestidos á la napolitana, cuya figura elegante y graciosa resaltaba mas con el color sombrío de los hábitos religiosos; y los plumages que llevaban en los sombreros formaban una chocante variedad con las cabezas canosas de los religiosos. No era menor la que se observaba en las fisonomías: en ellas se descubria la gravedad, la circunspeccion, la severidad, la melancolía, la franqueza, la alegría, en fin, ciertos rasgos naturales que se manifiestan en el rostro, é indican los diversos caracteres de una vida tranquila ó zozobrosa, y que forman el paraiso ó el purgatorio de este mundo. Al extremo de este cuadro se veian algunos peregrinos, no tan alegres como los dias precedentes en el camino, y entre ellos algunos hermanos legos y sirvientes del convento. Esta parte del locutorio atraia toda la atencion de Elena, porque esperaba distinguir allí á Vivaldi, con cuyo objeto se habia acercado á la reja; pero no se atrevia á levantar el velo á vista de tantos forasteros.

Se terminó el concierto, y Elena no pudo descubrir á Vivaldi: pasó en seguida á la habitacion que estaba preparada para la colacion, en donde habia abundantes dulces y pasteles de todas clases, hechos con el mayor esmero por las hermanas de mas conocida habilidad, asi en estas como en otras obras propias de su sexo. Las mesas adornadas con flores de mano, en que las religiosas habian apurado todo su gusto, y empleado algunos dias para colocarlas, estaban puestas en el locutorio interior y exterior; la una para la abadesa y religiosas, y la otra para los reverendos padres que estaban separados por una reja. Por último, se esmeraron tanto en los preparativos de esta funcion, como una joven hermosa cuando se dispone para presentarse en un baile, en donde por la primera vez debe llamar la atencion.

Ya se ha dicho que la pieza destinada á la colacion estaba dividida por una reja; inmediato á ella observó Elena un personage con la cara cubierta y con capote de peregrino, que al parecer estaba viendo la funcion; pero sin interes particular. Creyó que era Vivaldi, y para acercarse á él, trató de aprovechar un momento en que la abadesa no la viese. En efecto, se la presentó la ocasion con motivo de que la superiora se distrajo en conversacion con las demas religiosas, y entonces se acercó á la reja alzando el velo por un momento. El estrangero se descubrió la cara, la manifestó su agradecimiento con la vista; pero no era Vivaldi. Avergonzada con la equivocacion que habia padecido, y del concepto que formaria el extrangero de su accion, se retiró á tiempo que otro se dirigió con celeridad hácia la reja. Por el modo de andar y por su aire, conoció que era Vivaldi; pero la incertidumbre y el temor de volverse á engañar, la contuvieron hasta observar alguna señal cierta. Le miró con atencion, se descubrió, y lo era en efecto.

Segura ya de que la habia conocido, no quiso levantarse el velo; pero se acercó á la reja, y antes de arriesgarse á dar un billete que llevaba escrito para Vivaldi, se retiró este dejándola otro sobre el poyo de la misma reja. Al ir á tomarle, se acercó una religiosa con precipitacion al sitio donde estaba, le tropezó con la manga, y cayó al suelo: esta ocurrencia contuvo á Elena, y la llenó de temor.

Un hermano que estaba por la parte de afuera de la reja, se acercó á la religiosa, la habló como con cierto misterio de algun asunto importante al parecer, y Elena sospechó que este hombre habia observado la accion de Vivaldi, y se la estaba refiriendo; de modo, que esperaba por instantes verla tomar el billete, y llevársele á la abadesa: luego que observó que en lugar de tomarle le habia pisado con el pie, se disiparon sus temores. No tardaron en reproducirse, cuando advirtió que el hermano y la religiosa despues que acabaron su conversacion, aquel se marchó, y esta se acercó á la abadesa, y la habló al oido. Elena no pudo contener su imaginacion, y se figuró que habian conocido á Vivaldi, y que la religiosa no habia querido levantar el billete para ponerla en el caso de cogerle y descubrirse ella misma. Trémula y aterrada estuvo observando los ademanes de la abadesa, su semblante, y hasta el modo de arquear las cejas, creyendo adivinar la suerte que la esperaba.

Cualquiera que fuesen las intenciones y órdenes de la superiora, no dió ninguna contra Elena, y la religiosa se incorporó con las demas hermanas despues que se separó de la abadesa, la cual volvió á seguir la conversacion con las que estaban á su lado: suponiendo Elena que la observaban, no se atrevia á levantar el papel del suelo, y veia pasar el tiempo tan precioso para su libertad; pero cuando intentaba cojer el billete, la parecia que la abadesa y la religiosa no la perdian de vista.

Despues de pasar hora y media en una situacion tan penosa, se concluyó la merienda, y en el movimiento general que hicieron todos al levantarse, Elena se acercó á la reja, y tomó el billete de Vivaldi; se le guardó en la manga, y siguió á la abadesa y á las demas religiosas que se retiraron.

Al pasar junto á Olivia, la hizo Elena una seña, y se fue á su celda. Sola y cerrada por dentro, se sentó á leer el billete; pero no pudiendo contener su impaciencia, le abria con tanta precipitacion, que se la cayó la luz, y se quedó á oscuras: salir á encenderla, era venderse á sí misma, comprometer á Olivia, manifestando

que la habia sacado del encierro, y exponerse á que la volviesen á él inmediatamente: solo la quedaba la esperanza de la
llegada de Olivia, y tal vez podia ser demasiado tarde para poner en ejecucion las
instrucciones de Vivaldi. Con el billete en
la mano, y sin saber su contenido, esperaba triste y desesperada que se acercase alguna persona; hasta que al fin en esta agonía oye pasos, y percibe una luz por entre
el quicio de la puerta; pero al considerar
que tal vez seria otra hermana, iba á ocultar el billete, cuando entró Olivia. Toma la
luz que llevaba, y trémula sin poder apenas articular una palabra, lee con ansia el
papel, en que la decia Vivaldi, que en el
mismo instante en que la escribia, el padre
Gerónimo la esperaba á la reja del jardin
de las religiosas, á cuyo sitio la iria él mismo á buscar para sacarla del convento:
añadia, que al pie de la montaña tenia los
caballos dispuestos para conducirla donde
quisiese; pero que no debia perder un momento, porque las circunstancias hasta entonces favorables para librarla, se muda-
rian muy pronto.

Desesperada Elena, dió el billete á Oli-

via para que la aconsejase acerca del partido que debia tomar. Ya habia transcurri-
do hora y media desde que Vivaldi la escribia que no perdiese tiempo, y que la esperaba en el sitio señalado, en cuyo inter-
válo se podia haber frustrado la huida que
antes hubiera favorecido la confusion de la
fiesta.

La generosa Olivia leyó el billete, tomó parte en las inquietudes de su amiga, y
se manifestó tan resuelta á arrostrar todos
los obstáculos y peligros para salvarla, como Elena atormentada con la idea de verla
que se exponia á ellos en la situacion mas
terrible.

Despues de haber reflexionado un momento, dijo Olivia: por cualquiera parte
del convento nos podemos encontrar con
algunas religiosas; pero el velo que hasta
ahora te ha disfrazado, te puede salvar todavía. Es preciso que atravesemos el refectorio, en donde estan cenando las hermanas que no han concurrido á la merienda,
sin dar lugar á que se retiren á la capilla,
porque entonces acaso no podriamos pasar
con seguridad.

Convencidas de que no habia otro partido que tomar, y de que no se debia perder el tiempo en largas deliberaciones, abandonaron la celda, y se dirigieron al jardin.

Al paso para el refectorio, las encontraron muchas hermanas; pero no conocieron á Elena, que al pasar junto á la habitacion de la abadesa se dejó correr el velo con mucho mas cuidado para ocultar el rostro: la superiora que salia del refectorio, habiendo advertido que no estaba alli Olivia, preguntó por ella, precisamente cuando entraba con Elena por la puerta. Se ocultó como pudo detras de su amiga, confundiéndose entre las demas religiosas; y despues que Olivia respondió á las preguntas de la abadesa, la siguió temblando al refectorio: las religiosas que estaban cenando, no hicieron caso de ellas, y por fin llegaron á la otra puerta.

Al tiempo de pasar la segunda sala, cruzaban algunas hermanas que llevaban la comida desde la cocina al refectorio, y una de ellas al tiempo de abrir la puerta que daba al jardin, las preguntó si habian oido sonar la campana, porque se dirigian como hácia la capilla.

Turbada con esta pregunta, Elena apretó el brazo á su amiga, como para indicarla que no contestase, y apresurase el paso; pero Olivia mas prudente y serena, se paró, respondió con cierta presencia de ánimo, y continuaron las dos pacíficamente su camino.

Al atravesar el jardin, fue tal el temor que se apoderó de Elena, suponiendo que Vivaldi no estaria ya en el sitio señalado, que apenas se podia sostener. ¡Ay de mi! exclamó, estoy perdida si me faltan las fuerzas para llegar á la puerta, ó si llego tarde.

Olivia la reanimó, indicándola la puerta que se veia con la claridad de la luna, y ademas el *in pace*, que se descubria al fin del paseo por donde iban.

Todo esto infundió cierto valor á Elena; pero la puerta se alejaba á su parecer: se volvió á sentir abatida, y tuvo precision de pararse: ¡Ay Dios mio! exclamó, no podré llegar hasta alli. ¡He de perecer á vista del único medio que tengo para salvarme!

Descansó algunos momentos, continuó el camino, y llegaron á la reja. Olivia creyó necesario conocer antes las persona que estaban por la parte de afuera, y esperar la señal en que estaba convenida con Vivaldi: dió unos golpes, y oyó hablar en voz baja; pero no contestaron.

Somos perdidas, dijo Elena; pero quiero acabar de convencerme de mi desgracia: repitió la seña, y la contestaron con tres golpecitos. Olivia mas desconfiada, quiso contener á su amiga hasta tener mas pruebas; pero suena la llave en la cerradura, abren la puerta, y entran dos personas.

Elena retrocedia, cuando la llamó Vivaldi, á quien conoció á la luz de una linterna que llevaba Gerónimo medio tapada.

¡Cielos! exclamó con una voz lánguida tomándola la mano; ¿es posible que seais mia? Si supieras cuanto he sufrido en esta última hora. Reparó en Olivia, y se quiso retirar; pero Elena le tranquilizó manifestando lo mucho que debia á esta religiosa.

No perdamos mas tiempo, dijo Gerónimo, que demasiado hemos perdido.

A Dios, mi querida Elena, dijo Olivia; ¡El cielo te proteja!

A Dios, amiga mia, la contestó: ya no te volveré á ver: acuérdate del convento de la Piedad.

Antes de salir debiais haberos despedido: hace dos horas que estamos aqui, dijo el hermano con impaciencia.

¡Ah! Elena, repuso Vivaldi, separándola de los brazos de la religiosa; ¿ocupo yo el segundo lugar en tu corazon?

Elena enjugándose las lágrimas, le respondió con una sonrisa mas expresiva que las palabras, y despues de haberse despedido otra vez de Olivia, salió de la clausura.

La luna nos alumbra, dijo Vivaldi á Gerónimo, y esa luz nos es inútil, y aun puede perjudicarnos.

Despues la necesitaremos en la iglesia y en algunos parages por donde debemos pasar, contestó Gerónimo, porque no me atrevo á sacaros por la puerta principal.

Vámos, dijo Vivaldi, y se entraron en una de las calles que formaban los cipreses, y conducia á la iglesia.

Caminando como iban, Vivaldi preguntó á Gerónimo, ¿estás seguro de que no hallaremos ningun religioso orando en las capillas del tránsito? Sí, dijo el hermano, porque es dia de fiesta; mas bien estarán ocupados en descolgar los tapices.

Tan malo seria para nosotros, replicó

Vivaldi; ¿no podemos evitar el paso por la iglesia?

Es imposible, dijo Gerónimo, y al momento entraron en ella. El hermano descubrió enteramente su linterna, porque las bujías de las capillas se habian consumido, y solo ardian las del altar mayor, que por lo muy distantes que estaban del sitio por donde pasaban nuestros fugitivos, apenas los alcanzaba la luz, y no advirtieron el mas pequeño ruido.

Llegaron á una puerta lateral que iba á la gruta donde se veneraba nuestra Señora del monte Carmelo. La luz que habia en el subterráneo, sobrecogió á los fugitivos que querian retroceder; pero Gerónimo los tranquilizó asegurando que nadie habia en la capilla, y que aquella luz era de las lámparas que estaban constantemente encendidas.

Satisfechos con esta explicacion, continuaron el camino á la gruta, desde cuya estremidad por el declive del terreno vieron en el centro una puertecita que abrió el padre Gerónimo, y á la otra parte una senda estrecha y tortuosa abierta en lo vivo de la roca. El hermano iba delante;

pero Vivaldi temeroso, como lo estaba tambien Elena, se detuvo á la entrada, y preguntó á Gerónimo: ¿á dónde nos llevas?

Á donde debeis ir, contestó en voz baja:
esta respuesta sobresaltó á Elena, é inquietó
á Vivaldi: no pudo menos este de decirle,
si despues de haberme puesto en tus manos,
y haberte confiado lo que amo mas que á
mí mismo, faltas á tu palabra, me has de
responder con la vida, amenazándole con
una daga que llevaba oculta debajo del vestido de peregrino. Si tus designios son pér-
fidos, arrepiéntete, ó de lo contrario vas á
morir ahora mismo.

¡Me amenazais! dijo el hermano; ¿y qué
utilidad os resultaria de quitarme la vida?
¿Ignorais que todos los religiosos de esta
casa vendrian á vengarme?

Yo solo sé lo que haria con un traidor,
replicó Vivaldi, caso que lo seas; y á costa
de mi vida defenderia á esta señora contra
todos tus monges.

Elena creyó que Gerónimo los compro-
metia, y no quiso pasar adelante. Si teneis
buena intencion, le dijo, ¿por qué no nos
llevais por alguna de las puertas del convento, y no por este laberinto subterráneo?

No hay mas puerta que, la principal, respondió Gerónimo, por donde podais salir sin rodear, y este es el único sitio que os conduce fuera de la casa.

¿Y por qué no podiamos salir por la puerta principal, dijo Vivaldi?

Porque hay hermanos legos y peregrinos; y dado caso que vos pudieseis pasar por medio de ellos, ¿qué seria de esta señora? Todos estos inconvenientes los sabiais con anticipacion, y sin embargo os fiasteis de mí. El camino por donde os dirijo desemboca en las rocas á corta distancia: hasta aqui me he arriesgado bastante; ya no quiero perder el tiempo: si no os resolveis á seguirme, os abandono, y saldreis del apuro como podais.

Acompañó este discurso con una sonrisa falsa, y cuando volvia á cerrar la puerta, Vivaldi, temiendo las consecuencias que podian resultar de la amenaza hecha al hermano, y en cierto modo satisfecho por la indiferencia que este habia manifestado en que le siguiesen ó no, logró al fin serenarse y animar á Elena; pero no pudiendo disipar enteramente sus temores, caminaba dispuesto á vengarse, llevando asida con una mano á Elena, y en la otra la daga.

Antes de llegar al extremo del tránsito, oyeron cánticos á cierta distancia. ¿En dónde cantan? preguntó Elena: escuchemos.

En la gruta que acabamos de dejar, respondió Gerónimo. En eso conozco que son las doce de la noche. Es la última antífona de los peregrinos en la capilla de nuestra Señora. Despachaos, que necesito marcharme. Los fugitivos conocieron entonces que no podian retroceder, y que si se hubieran detenido mas en la gruta, los hubieran sorprendido los peregrinos. Vivaldi aun temia que alguno de ellos entrase en el tránsito; y habiendo manifestado á Gerónimo el temor de que los sorprendiesen, le dijo este con una sonrisa de desprecio: tranquilizaos, porque este tránsito solo nosotros le sabemos, y ningun otro extrangero.

Por fin se disiparon los recelos de Vivaldi luego que el hermano le aseguró que esta avenida terminaba en las últimas rocas donde estaba la gruta.

Continuaron el camino, y oyeron el sonido de las campanas, que aunque muy débil, se percibia por entre las rocas. Este

es el primer toque para maitines, dijo Gerónimo asustado; me es indispensable de-
jaros.

Elena, que en este mismo instante veia
á la extremidad una puerta, creyó que era
la que tanto deseaba para salir del convento, y aceleró el paso; pero mas adelante notó que estaba todavía á bastante distancia, y al paso vió otra entreabierta de
una habitacion construida en la misma roca, donde percibió una luz opaca.

Vivaldi se sobresaltó, y despues de haber pasado, preguntó si habitaba alguno.
alli. Gerónimo le respondió con palabras
equívocas; pero luego vieron una puerta
al fin del tránsito. Con la esperanza de llegar cuanto antes á ella, y disipar sus temores, aceleraron el paso. Gerónimo dió la
linterna á Vivaldi, y se puso á abrir la
puerta á tiempo que este preparaba la recompensa que debia á Gerónimo por un
servicio de tanta importancia; no la pudo
abrir, y dijo con frialdad: temo que nos
han vendido; la segunda llave está echada, y yo solo tengo la primera.

¡Estamos vendidos! dijo Vivaldi con un
tono de firmeza; pero hermano, no por

eso creas que tu disimulo ha de salvarte.
Conozco el que nos ha vendido: acuérdate
de lo que te dije antes, y reflexiona. si te
interesa nuestra ruina.

Señor, dijo Gerónimo, no os engaño,
aunque jure por lo mas sagrado que no he
sido yo el que ha cerrado esta puerta, cuya llave no tengo, y que abriria si pudiese. No hace una hora que estaba abierta, y
me sorprende mas hallarla cerrada, porque
los religiosos acostumbran á venir pocas
veces aqui: temo no hayan sospechado alguna cosa, y nos hayan interceptado la
salida.

Esa esplicacion nos convenceria en una
situacion no tan apurada como esta. Abre
la puerta ó tiembla: aunque yo aprecie poco mi vida, no abandonaré á esta señora,
dejándola espuesta á los horrores que la esperan en el convento que acaba de abandonar.

Elena, á pesar del abatimiento en que se
hallaba, procuró tranquilizar á Vivaldi, evitar la violencia á que le podia conducir su
indignacion, y conseguir que Gerónimo
abriese la puerta. Tuvieron una larga dis-
puta; y por último, la inocencia ó el artifi-

cio del hermano, serenaron á Vivaldi,
que trató de violentar la puerta sin atender á las reflexiones que le hacia Gerónimo acerca de la inutilidad de sus esfuerzos
y el peligro á que le exponia, si se llegaba
á entender que él habia contribuido á esta
operacion.

La empresa era inasequible; pero como
Vivaldi no hallaba otro arbitrio para sal-
varse, insistia en ella. La resolucion de
volver era desesperada, porque los peregrinos y devotos estaban en la gruta y en
la iglesia esperando los oficios de la mañana.

Gerónimo aun conservaba esperanzas de
salvarlos; pero para ello era preciso que
se quedasen escondidos en el tránsito el
resto de la noche, y acaso todo el dia siguiente. Por último convinieron en que el
hermano volviese á la iglesia, y observase
si era posible sacarlos por la puerta principal, sin que los conocieran; y habiéndolos
vuelto á la habitacion donde vieron la luz
al pasar, se dirigió á la iglesia, como habian convenido.

Pasados algunos momentos, los fugitivos
concibieron alguna esperanza, que se des-

vanecia con la tardanza del hermano : llegaron en fin á perderla enteramente, y se apoderó de ellos un temor extraordinario: Elena, que procuraba no aumentar la triste situacion en que veia á Vivaldi, se abstuvo de hablarle acerca de la suerte que la esperaba, y disimuló su inquietud. Las sospechas que ya tenian de la poca lealtad de Gerónimo se presentaban con mas vehemencia á su imaginacion: el aire frio y el mal olor que advertian indicaba que la habitacion en que estaban era una bóveda sepulcral; y segun la descripcion que Olivia la habia hecho, la comparaba á la prision en que murió la religiosa que iba á consolar. Estaba labrada en la misma roca; no tenia mas ventilacion, que un agujero en lo alto con una reja, sin mas muebles que una mesa, un banco, y una lámpara con una luz muy triste, que estrañaba verla encendida, lo uno, porque Gerónimo nada los habia advertido, y lo otro, porque los habia dicho que los religiosos apenas venian á este sitio. Todas estas circunstancias reunidas, la persuadian á creer que la perfidia la conducia á la prision que la abadesa la tenia destinada: el horror que la inspiraba esta idea fue tal, que á no temer los efectos de la desesperacion de Vivaldi, se le hubiera manifestado.

Entregada á estas tristes reflexiones, y atormentada con la incertidumbre de su suerte futura, miraba á todas partes de la habitacion, por si advertia algun objeto que ó la confirmase en sus temores, ó los disipase enteramente. Notó que en un rincon habia un jergon, y se figuró que seria la cama de la desgraciada reclusa, y aun la parecia descubrir en él la impresiou del cadaver.

Vivaldi la instaba á que le manifestase la causa del terror que experimentaba, y en esta situacion oyeron suspiros alli inmediato, que les llamó la atencion. Elena sin reflexionar, se agarró al brazo de Vivaldi, y asustada esperaba volverlos á oir.

No es imaginario esto, dijo Vivaldi. ¿Lo has oido tú tambien?

Sí, contestó Elena.

¿No ha sido un suspiro?

¡Sí; pero qué suspiro!

Alguno hay oculto aqui cerca, dijo Vivaldi; pero no temas; tengo la daga. La daga.... ¡Ay! ¿Ignoras que?....

Pero escuchemos otra vez. Ya lo oigo.

Este quejido viene de muy cerca....
La lámpara alumbra tan poco... Entonces Vivaldi la levantó para que diese mas luz á la habitacion. ¿Quién está ahí? dijo. Pero viendo que nadie respondia, volvieron á guardar silencio.

Pasado algun tiempo, volvió Vivaldi á decir: cualquiera que seais, si estais padeciendo, hablad. Somos desgraciados tambien, y teneis un derecho á nuestra compasion. Si teneis proyectos hostiles, temblad, porque vais á pelear contra mi desesperacion.

No contestaron una palabra: Vivaldi tomó la lámpara, recorrió con ella la habitacion, y advirtió que en la roca habia una puertecita. Al mismo tiempo oyó desde adentro unos acentos como de una persona que estaba en oracion. Empujó la puerta, y vió con grande sorpresa que un religioso arrodillado delante de un crucifijo, y lleno de fervor, estaba contemplando; pero sin oir ni ver á nadie hasta que él mismo fue á hablarle. Era muy anciano; la dulzura y el carácter tétrico de su fisonomía, interesaron á Vivaldi, y animaron en parte á Elena, que le seguia.

Al verlos el religioso, se quedó sorprendido; pero á pesar de la bondad que indicaba en su semblante, Vivaldi temió que
le hiciese algunas preguntas; el padre le
dijo que era preciso le contase la causa
de su ida á aquel sitio. Animado por el tono y buenos modales del religioso, y viendo que su situacion tocaba ya en el extremo de la desesperacion si no les auxi-
liaba, se decidió á darle alguna idea de sus
apuros.

El religioso escuchó con la mayor atencion todo cuanto le dijo. La compasion
que le estimulaba á socorrer á estos desgraciados extrangeros, combatia en su interior con alguna consideracion particular y
poderosa que le contrariaba; y despues de
haber preguntado el tiempo que habria pasado desde que Gerónimo habia ido á la
iglesia, é informado de que habian encontrado la puerta cerrada con las dos llaves,
les dijo: hijos mios, os han vendido. Vuestra juventud ha sido juguete de la edad
experimentada.

Estas palabras enternecieron á Elena; y
Vivaldi, que no pudo contener la indignacion excitada por una traicion tan horrible,

no se hallaba en disposicion de consolarla.

Hija mia, continuó el religioso, me parece que os he visto esta mañana en la iglesia: ¿ sois acaso la que protestó contra los votos á que querian obligarla? ¿No conociais las terribles consecuencias de una resistencia semejante?

¡Ay de mí! dijo Elena; solo me daban á elegir entre dos males.

Santo varon, dijo Vivaldi, no creo que seais de los fánaticos que se complacen en oprimir la inocencia. Si supierais las desgracias de esta joven, os compadeceriais de ella, y contribuiriais á salvarla; pero el tiempo no me permite que os haga una larga narracion. Lo que únicamente os suplico por lo mas sagrado, es que contribuyais á sacarla del convento. Si me fuera posible instruiros de los medios criminales de que se han valido para conducirla á estos claustros..... Si supierais que huérfana y abandonada de todos la han arrancado de su casa en la oscuridad de la noche; que á pesar suyo la han traido aqui unos infames enmascarados por orden de personas que no tienen relacion alguna con ella; que solo conoce un pariente que

reclame su libertad contra sus perseguidores. ¡Si supieseis todo eso!

El religioso volvió á mirar á Elena
con una verdadera compasion; pero silencioso y pensativo. Todo puede ser cierto,
dijo; pero.... y calló.

Ya os entiendo, padre mio, queriais que
os diese pruebas; pero ¿cómo ha de ser
posible ahora? Creedlo bajo mi palabra, y
si os sentis animado de algun buen deseo
en favor nuestro, ponedle luego en ejecucion; si aun dudais, somos perdidos. ¡Ay
de mí! me parece que Gerónimo llega en
este momento.

Dejó de hablar, y se fue hácia la puerta
de la primera habitacion; pero nada oyó.
El religioso prestó tambien el oido mientras Elena exclamando con las manos cru-
zadas, le miraba asustada; y en ademan de
suplicarle, esperaba su determinacion.

Nadie viene, dijo Vivaldi; si quereis
socorrernos, buen religioso, aun estamos á
tiempo, apresuraos.

¡Pobre criatura! decia el padre en voz,
que aunque baja, se percibió. ¡En esta habitacion! ¡En este funesto sitio!

¡En este funesto sitio! dijo Elena al oir

el horroroso sentido de la exclamacion. Sí,
en este sitio donde han sacrificado una pobre religiosa, y donde me han conducido,
sin duda para sufrir la misma suerte.

¡En este sitio! repitió Vivaldi en un
tono desesperado. Si estais decidido á fa-
vorecernos, aprovechad el momento que
nos resta, porque despues quizá será tarde, y vuestras buenas intenciones de nada
nos servirán.

El religioso, que miró á Elena con la
mayor sorpresa cuando la oyó hablar de
la religiosa encerrada y muerta en aquel
mismo sitio, se quedó pensativo; derramó
algunas lágrimas, que luego procuró enju-
gar, y se veia al parecer atormentado por
algun sentimiento que le oprimia el corazon.

Viendo Vivaldi que sus activas instancias no le convencian, y esperando por
momentos la vuelta de Gerónimo, se paseaba por la habitacion lleno de desasosiego, se paraba á escuchar en la puerta, y
volvia á implorar la compasion del religioso, mientras Elena, reflexionando en su interior, repetia con horror y estremecimien-
to: ¡En esta misma habitacion! ¡En este

mismo lugar! ¡Oh! ¡cuánta clase de sufrimientos habrán presenciado y presenciarán
estas paredes!

Vivaldi trataba de consolar á Elena; pero no dejaba de instar al religioso á fin de
que no desaprovechase el único momento
que quedaba para salvarla. ¡Cielos! exclamó; ¡si llega á ser descubierta, no podrá
evitar este destino tan cruel!

No me atrevo á decir, continuó el religioso, cuál es el castigo que la espera, ni el
mio, si me atrevo á favoreceros; pero á pesar de todo, los años aun no me han hecho
insensible á los trabajos de mis semejantes;
no tengo todavía endurecido el corazon.
La vida que me resta podrá ser desgraciada; pero vuestra juventud promete muchos
años de felicidad. Los disfrutareis, hijos
mios, puesto que está en mi mano : seguid-
me hasta la puerta, y veremos si yo la
puedo abrir con mi llave.

Vivaldi y Elena siguieron al religioso,
que se paraba con frecuencia á escuchar
por si Gerónimo ó alguno otro hermano
cómplice de su traicion, se acercaban ó los
seguian; pero nada oyó en todo el tránsito
hasta que llegaron á la puerta, en cuyo

instante sintieron pasos á alguna distancia.

Que se acercan, padre mio, dijo Elena en voz baja. Si no abris pronto la puerta, somos perdidos. Sin duda han descubierto que no estamos ya en el sitio donde nos dejó Gerónimo.

Mientras el anciano ponia la llave en la cerradura, Vivaldi animaba á Elena; abrió por fin la puerta, y salieron á una llanura de la montaña.

Hijos mios, les dijo el religioso, no me deis gracias porque el tiempo es muy corto; voy á cerrar la puerta y á entretener á los que quieran perseguiros cuanto me sea posible. Mi bendicion sea con vosotros.

Apenas tuvieron tiempo los fugitivos para despedirse del religioso: cerró la puerta, y tomando Vivaldi el brazo de Elena, se apresuraron á llegar al sitio donde debian encontrar á Pablo. Al volver uno de los ángulos del convento, vieron una procesion de peregrinos que salia por la puerta principal, y á muy corta distancia.

Vivaldi retrocedió un poco; pero receloso de que si se detenia en las inmediaciones del monasterio, tal vez se podrian oir las voces de Gerónimo y los demas hermanos que les perseguian, se inclinaba á retirarse de alli á todo trance; pero no tenia otro camino transitable para llegar al pie de la montaña, que el que seguian los peregrinos, y no queria meterse entre ellos por huir de su perdicion.

Con la claridad de la luna distinguian las personas que debian evitar, y caminaban á la sombra de los árboles. Luego que se vieron á cierta distancia de los peregrinos, tiraron por la falda de la montaña, y llegaron á una cordillera de piedra viva, en donde les parecia que hallarian algun asilo momentáneo.

Mas distantes ya del monasterio, se ocultaron hasta que se alejó la procesion: todo respiraba silencio y calma; observaron que no salia ninguno del convento en su persecucion, y se tranquilizaron en parte.

¡Cuántas veces, Elena, dijo Vivaldi, me he paseado á esta misma hora al rededor de tu estancia creyéndome afortunado con sola la idea de que estaba certa de tí! Aqui reposa, decia yo; en este sitio, que es para mí mas que el mundo entero, porque todo lo demas me parece un desierto. Ahora

disfruto de tu presencia; te tengo á mi lado; no permitas que la inconstancia de la
suerte nos separe; déjame conducirte á donde podamos verificar religiosamente nuestra deseada union.

Arrastrado de un interes el mas extraordinario, se olvidó Vivaldi del silencio que
él mismo se habia impuesto hasta que Elena fuese árbitra de sí misma, y se hallase
en un punto de seguridad.

No es este el momento para hablar de
una materia tan interesante; ¡estamos todavía al margen del precipicio!

Vivaldi se levantó con precipitacion.
¡Ah! mi locura prolonga el peligro de tu
situacion: mientras los peregrinos se alejan
mas para que podamos continuar el camino, te he detenido á la vista de esta funes-
ta casa.

Bajaban con mucho cuidado por medio
de las rocas volviendo frecuentemente á
mirar á la parte del convento, por si veian
alguna luz; y habiéndola parecido á Elena
divisar una en la torre, creyó que seria con
motivo de que la madre abadesa ú otras
religiosas habrian subido á buscarla: esta
idea la exaltó, y aceleraron el paso.

Bajaron por fin la montaña sin desgracia, y al pie de ella encontraron á Pablo con los caballos. ¡Ah! mi querido amo, exclamó; ¡qué dicha volveros á ver sano y salvo! ¡Qué alegría tengo!

No es menor la que yo experimento, ó querido Pablo, al encontrarte. ¿En dónde está el capote de peregrino que te encargué?

Se le dió Pablo al momento, y despues de habérsele puesto á Elena, la montó á la grupa, y tomaron el camino de Nápoles con ánimo de ir al convento de la Piedad.

Pero receloso Vivaldi de que acaso los perseguirian si seguian esta direccion, se resolvió á tomar otra que conducia á Villa Altieri.

Llegaron al terrible sitio por donde Elena fue conducida al monasterio. Las altas y pendientes montañas que cerraban el camino por los costados, y la poca claridad de la luna, impedian advertir el precipicio; pero Pablo poseido de una singular alegría, no temia el peligro que ofrecian estos parages escabrosos. Se felicitaba á sí mismo y á su amo por verle libre de los monges; pero persuadido este de que el excesivo contento de Pablo, que cantaba en voz alta, los podia perjudicar, le pudo convencer á que callase.

Á poco rato divisaron el puente que Elena habia pasado con tanta inquietud. Estaba en el aire, apoyadas las dos cabezas en las rocas què sobresalian, y suspenso al parecer sobre el torrente que precipitaba las aguas entre los peñascos al mas profundo abismo. Una de las rocas en que se apoyaba el puente, presentaba una negra oscuridad; pero la otra cubierta de árboles y arbustos se divisaba perfectamente. En el centro se veian plantas que blanqueaban con la espuma formada por la fuerza de las aguas que contrastaban con la oscuridad de las que cubrian la ribera opuesta. En fin, de la otra parte del puente se veia una dilatada perspectiva por entre la densa niebla.

Vivaldi observó que en el puente habia algunos hombres; y como no los podia distinguir muy bien, se sobrecogió, porque suponia que serian peregrinos que iban á nuestra Señora del monte Carmelo, y podian dar noticias en el convento del camino que llevaban. No habia medio alguno para evitar este encuentro, lo uno por el precipicio del camino abierto á pico por medio de la roca, y lo otro por su estrechez; pues apenas podian caminar dos caballos de frente.

Señor, este camino nos conduce al puente, dijo Pablo lleno de tristeza, porque las gentes que acaban de pasarle, *se dirigen á nosotros.*

Calla, repuso Vivaldi: son peregrinos: escondámonos bajo de esta roca hasta que pasen; una sola palabra basta para perdernos. Si nos hablan, yo solo los contestaré.

Siguieron con el mayor silencio hasta que se acercaron á los peregrinos; y luego que estos llegaron junto á nuestros viageros, el que hacia de gefe de la cuadrilla, los saludó diciendo: Dios y nuestra Señora del monte Carmelo os guie: y los demas repitieron lo mismo á una voz.

Dios os guie tambien, respondió Pablo, y nuestra Señora del monte Carmelo. Nosotros venimos de alli; y ya se ha celebrado la primera misa.

Puesto que venis de alli, dijo uno de los peregrinos, nos podeis informar....

Nosotros nada sabemos : buenos dias camaradas, que ya amanece.

Se volvió Pablo á incorporar con su amo que se habia adelantado con Elena, y le reconvino por su indiscrecion.

Gracias á Dios que ya estamos libres, dijo Vivaldi.

Sí, contestó Pablo, solo nos resta pasar el puente.

Entraron en él, y cuando pasaban, mirando siempre el peligro inminente en que se hallaban, oyeron otra cuadrilla por el camino que dejaban.

Elena se asustó, y dijo á Vivaldi que acelerasen el paso.

Son peregrinos tambien, dijo Pablo. Si fueran gentes que nos viniesen persiguiendo, no harian tanto ruido.

Los viageros se apresuraron, á pesar del mal camino; pero Pablo volvió la cabeza, y vió dos personas embozadas en sus capas por un lado del camino detras de su caballo.

¿Venis de nuestra Señora del monte Carmelo? dijo uno de ellos. Vuelve Vivaldi la cabeza, y dice; ¿quién es el que pregunta? Un pobre peregrino, le contesta, fatigado del mal camino, y que apenas se puede sostener. ¿Si os compadecierais y le permitieseis montar un rato én vuestro caballo?

A pesar de que Vivaldi tenia un corazon sensible á las desgracias de sus semejantes, en este caso no podia condescender á la indicacion sin comprometer la seguridad de Elena. Por el tono en que se expresó el peregrino, temió que tuviese alguna siniestra intencion; sobre todo, cuando sin desanimarse, viendo que Vivaldi no accedió á su peticion, le preguntó que á dónde iban, y le propuso si queria que hiciesen juntos el camino, porque estas montañas, añadió, estan infestadas de ladrones, y no es tan fácil que se atrevan con mucha gente reunida.

Si estais tan cansado, le dijo Vivaldi, ¿ cómo es posible que sigais el paso de nuestros caballos; y por otra parte, cómo nos habeis alcanzado?

El miedo á los ladrones nos ha inspirado valor, y volábamos.

Nada teneis que temer aunque vayais mas despacio, porque una numerosa cuadrilla de peregrinos no tardará en alcanzaros.

Vivaldi dió fin á la conversacion, arrimando las espuelas al caballo. La contradiccion que se advertia entre los lamentos de estas gentes, y la lijereza con que caminaban, inspiró ciertos temores á nuestros fugitivos; pero se disiparon luego que se separaron del camino real de Nápoles, y tomaron otro poco transitado, que dirijia á Aquila por el Oueste.

CAPÍTULO XII.

Desde la cima de una montaña descubrieron los viageros al amanecer, y á lo lejos el lago de Celano, cuyas refulgentes aguas bañaban la falda de los Apeninos por la parte del Sur. Vivaldi creyó conveniente dirigirse hácia este punto tan distante del camino real de Nápoles, como igualmente del convento de San Estéban, en donde acaso hallarian algun asilo retirado y seguro, y un sacerdote de los muchos monasterios inmediatos que tuviese la bondad de celebrar la ceremonia religiosa del matrimonio, siempre que Elena accediese á ello.

Atravesaron unos olivares; y los trabajadores que hallaron, los indicaban el cami-

no que conducia de Aquila á Celano, entre los pocos que cruzaban las montañas
que terminan el lago por los puntos, ó costados opuestos. Al descubrir y bajar á la llanura, respiraron un aire aromático, exha-
lado de los muchos naranjos y mirtos que
la cubrian. Todo el valle estaba plantado de
esta especie de árboles odoríferos, y Vivaldi deseaba encontrar alguna choza, en
donde Elena se desayunase, y pudiese
descansar; pero todas estaban desiertas,
porque sus moradores se hallaban fuera ocupados en su labores. Pasada la llanura, llegaron á unas montañas, donde pastaban
infinitos rebaños.

Señor, dijo Pablo, me parece que oigo
sonar la chirimía, y será sin duda algun
pastor.

En efecto, prestaron atencion, y oyeron
la chirimía y el tamboril muy cerca. Siguieron el eco, y dieron vista á una lechería,
situada á la sombra de algunos almendros,
en donde habia pastores sentados á cierta
distancia, cuidando de sus ganados, y tocando sus instrumentos campestres; de modo que representaba este sitio una escena
digna de los pastores de Arcadia, y muy

frecuente en las montañas del Abruzo. Su
carácter hospitalario, dulcificaba sus costumbres groseras, y casi salvages. El ma-
yoral, hombre respetable, salió al encuentro, é instruido de las necesidades de nuestros viageros, los condujo á la lechería, en
donde les sirvió al momento, y con la mayor atencion, nata, queso de cabras, miel,
é higos secos.

Abatida Elena, mas por su desasosiego,
que por el cansancio y la vigilia de la noche anterior, despues de desayunarse, se
retiró á descansar. Vivaldi se sentó en un
banco á la puerta, y Pablo se desayunó
tambien haciendo la centinela á la sombra
de los almendros, y pensando en los acon-
tecimientos pasados.

Luego que salió Elena la propuso Vivaldi que antes de volverse á poner en camino, convenia dejar pasar el calor, y al mismo tiempo la habló del asunto que llamaba
toda en atencion, haciéndola ver los peligros á que estaban expuestos, si no se unian
con el lazo sagrado del matrimonio.

Pensativa y cabizbaja escuchó las reflexiones de Vivaldi: se convenció de su
justicia; pero la contenia su delicadeza, y

la humillacion que sufriria si llegaba á emparentar con una familia, que no solamente la habia manifestado una aversion declarada, sino que la habia tratado del modo mas injusto, y aun proyectado ejecutar en ella la barbarie mas horrible. Bien conocia que las circunstancias la dispensaban de todas estas consideraciones, y aun de la generosidad con sus mayores enemigos, y que solo debia consultar á la felicidad de Vivaldi y la suya; pero no queria tomar acaloradamente un partido, de que dependia la suerte de toda su vida; en cuyo estado con expresiones de ternura y gratitud le obligó á que considerase los motivos poderosos que suspendian su resolucion, renovándole al mismo tiempo su cariño.

Tú mismo lo decidirás, añadió Elena; ¿te daré la mano, cuando tu familia, tu madre?... Se contuvo, se avergonzó, y echó á llorar.

No llores, le dijo Vivaldi, porque esas lágrimas, y la causa que las produce, me desesperan. Cuando llores en mi presencia, no hables de mi madre; no me recuerdes que su injusticia y crueldad te preparaban una suerte horrorosa.

Vivaldi se incomodó, se levantó, y principió á pasearse por la habitacion; pero en
seguida salió á la puerta.

Despues de un corto rato volvió mas so-
segado. Se sentó al lado de Elena, y tomándola la mano con un tono de sonrisa
y amabilidad, la dice: bien sabes lo mucho
que te amo, y no debes dudar de ello. Hace tiempo que me prometiste del modo
mas solemne, y á presencia de la que ya
no existe en la tierra, pero que nos está
mirando desde arriba.... De la que te confió á mi cuidado.... Por esta misma confianza que me dispensó, y debemos respetar
como un sagrado; por estos tristes, pero
tiernos recuerdos, te suplico que no me
dejes abandonar á mi desesperacion, y que
por un justo resentimiento no sacrifiques el
hijo á la cruel y falsa política de la madre.
Ni uno ni otro podemos preveer las ma-
quinaciones que formarán contra nosotros,
luego que sepan que has huido del convento de San Estéban. Si dilatamos nuestra union, estoy seguro de perderte para
siempre.

Enternecida Elena no pudo responder
en algunos minutos, hasta que enjugando

las lágrimas, le dijo: el resentimiento no puede influir en mi resolucion; ninguno tengo contra la marquesa, cuando la considero como madre de Vivaldi; pero cuando el amor propio se ve insultado, no es fácil olvidar sus justos derechos, y acaso las circunstancias en que me hallo, me imponen la obligacion de abandonarte....

¡Abandonarme! interrumpió Vivaldi; ¡abandonarme! ¿Y serás capaz de hacerlo?

La emocion con que pronunció estas palabras, excitó la ternura de Elena; y olvidando la resolucion, que cuasi tenia tomada, le dijo: en este momento, ni me entrego al temor, ni á la esperanza; obedezco solo á la voz del agradecimiento y del cariño: me parece que si tu corazon no se muda, jamas seré capaz de abandonarte.

A este tiempo llegó Pablo, y con un aire misterioso se acercó, y dijo en voz baja: señor, ¿á quién os parece que he visto subir aquella cuesta? A los dos carmelitas descalzos que nos alcanzaron al pasar por Chiari. Los dejamos en el monte; pero no hay duda vienen detras de nosotros. Me persuado á que han descubierto el sitio donde nos hallamos.

Ya los veo, dijo Vivaldi; se separan del camino, y se dirigen aqui. ¿Dónde está nuestro huesped? Cerca, respondió Pablo. ¿Le llamo?

Sí, replico Vivaldi; si no espera que yo iré á buscarle. Con todo si me ven.... Sí señor; pero y si me ven á mí, es lo mismo. El apuro es grande: si llamamos al amo nos descubrimos, y si no le advertimos alguna cosa, lo hará él, y de todos modos van á conocernos. Calla, dijo Vivaldi; calla, y déjame pensar un momento. Pablo por su parte buscaba un sitio, en donde se pudiesen esconder en caso necesario.

Llama á nuestro huesped al instante, dijo Vivaldi, que quiero hablarle.

Ahora le he visto por la celosía, dijo Elena, á cuyo tiempo entró en la habitacion.

Amigo mio, os ruego encarecidamente que no admitais en vuestra casa á esos frailes que vienen ahi, ni les digais tampoco los huéspedes que teneis en ella, porque ya nos han incomodado bastante en el camino.... Queda de mi cuenta abonaros lo que pudierais ganar con ellos.

Amigo mio, dijo Pablo al viejo, con

permiso de mi amo me atrevo á deciros que. si los admitis os perdeis miserablemente: y hablando con claridad, porque mi señor es callado en demasía, mientras hemos venido con ellos, ha sido/con el mayor cuidado, porque de otro modo nos hubieran alijerado el peso de las faltriqueras. Es gente diestra; y los tengo por unos ladrones disfrazados. El trage que llevan favorece mucho sus empresas en tiempo de peregrinacion. Haceos el sordo si piden permiso para entrar; y despues que pasen, seria muy prudente seguirlos hasta perderlos de vista, porque se llevarán quizá alguna de vuestras bestias.

El viejo levantando las manos y ojos al cielo, exclamó: ¡lo que son las gentes! *Os doy gracias por vuestra advertencia, y no los dejaré pasar el umbral de la puerta: á pesar de su apariencia de santidad, desde mi juventud, y despues toda mi vida, que segun el semblante podeis inferir que hará tiempo, á gente de esta ropa siempre la he respondido que no. ¿Qué edad os parece que tengo? Apostaria á que no acertais, porque entre estas montañas....*

... Despues que hayais dado de refrescar

á los frailes alla afuera, y que se marchen, os diré lo que yo conceptúo, contestó Vivaldi. Aqui están ya; despachaos, amigo mio.

Si intentan maltratarme porque no los quiero recibir, me defendereis; pues mis criados estan lejos de aquí.

No lo dudeis, le respondió Vivaldi, y el pastor se salió fuera.

Pablo se puso á mirar por la celosía, y dijo: dan vuelta al rededor de la casa; voy á buscar otra ventana: escuchemos.

Estos son espiones que vienen desde el convento persiguiéndonos, dijo Elena, porque nos siguen paso á paso. Si fueran verdaderos peregrinos no vendrian por aqui, y caminarian muchos juntos. Puede que aquella cuadrilla que encontramos los haya informado hácia donde nos dirijíamos.

Es muy prudente proceder en este concepto, respondió Vivaldi; pero aunque pueden ser emisarios de San Estéban, tambien es muy posible que sean religiosos que vuelvan á alguno de los conventos del lago Celano.

No oigo una palabra, dijo Pablo á Vivaldi: escuchad vos mismo. Esta puerta ni aun una rendija tiene para nuestro consuelo.

Silencio, añadió, que se acercan; y poniéndose de espaldas á la puerta, ya podeis dar golpes, amigos mios, que perdereis el tiempo y el trabajo.

Calla, dijo Vivaldi. Sepamos quienes son, y oyéron la voz del anciano, que les decia: se marcharon; ya podeis abrir.

¿Qué camino han tomado? preguntó Vivaldi al abrir.

No sé, porque se han perdido de vista.

Yo, dijo Pablo, les he visto que se dirijian por la orilla de aquel bosque.

¿Entre vuestra casa y el bosque, hay algun sitio donde se puedan esconder? preguntó Vivaldi al pastor.

No señor, pero se habrán entrado en el bosque, respondió el pastor.

Pablo hizo una seña á su amo, y dijo al viejo: lo que acabais de decir es muy verosímil, se habrán escondido alli con algun designio depravado; no hariais mal en enviar alguna persona que los observase, porque vuestro ganado corre peligro, si estan tan inmediatos. Sus intenciones no son buenas.

Apenas vemos por aqui gente de esta clase, replicó el pastor; pero si tienen malas intenciones, ya encontrarán quien se las entienda. Tomó una bocina, cuyo eco resonó en todas aquellas montañas, y á poco tiempo acudieron los pastores jóvenes de las cabañas inmediatas.

Amigo mio, le dijo Vivaldi, no temais. Esas gentes solo vienen por nosotros; pero como tengo motivo de desconfianza, y deseo no encontrarlos en el camino, quisiera que alguno de estos jóvenes, á quien recompensaré, fuese por la parte de Celano, y registrase si estaban emboscados.

El viejo dijo que sí al instante, y Vivaldi instruyó al joven que debia ir.

No os volvais, añadió Pablo, sin dar con ellos.

No, respondió, y os prometo ademas traerlos aqui sanos y salvos.

No es eso amigo mio: no los debes traer; lo que es necesario, que examines donde estan y observes á donde se dirijen.

Salió el joven, y se estuvieron rompiendo la cabeza en formar conjeturas acerca de los frailes. Vivaldi se inclinaba á creer que eran peregrinos, hombres de bien que se volvian á su casa: pero Pablo decia lo contrario. Vienen en persecucion nuestra, no lo dudeis: tienen algun proyecto: en otro caso se hubieran estado en esta choza.

Si tienen el proyecto que tú imaginas, replicó Vivaldi, es indispensable que nos hayan visto, y tomado ese camino para seguirnos; pero por otra parte luego que llegaron aqui hubieran tratado de entrar en la casa, y no lo han hecho: de donde se infiere que no tienen proyectos contra nosotros, y por consiguiente los temores de Elena no parecen fundados.

¿ Pues qué, Señor, creeis que ellos se atreverian á incomodarnos en la casa de estas gentes honradas, que nos hubieran defendido á todo trance? Lo cierto es que sabiendo que estamos aqui, se han vuelto al monte con el fin de esperarnos en el único camino que hay para Celano.

¿ Cómo es posible que nos hayan visto aqui, cuando no se han acercado á la choza?

Lo bastante para sus designios, replicó Pablo; y pues que es necesario decirlo todo, me han visto por la celosía.

Nos atormentas á tu arbitrio, le dijo

Vivaldi. ¿Cómo supones que habiéndote
visto antes con solo la claridad de la luna,
y en un valle obscuro, te han podido conocer ahora por entre una celosía, y á
cien pasos de distancia? Tranquilízate,
querida Elena, porque ni aun viso de verdad hay en lo que dice.

Me alegrára poderlo creer, dijo Elena
suspirando.

Señora, la repuso Pablo, nada teneis
que temer. Si se atreven á atacarnos, trabajo les mando.

No temo que nos acometan á cara descubierta, dijo Elena, si no que nos sor-
prendan, y nos impidan hacer resistencia.

Vivaldi conoció lo justa que era esta observacion; pero no quiso que Elena lo advirtiese, y fingió reirse de estos temores, al
mismo tiempo que á Pablo le hizo seña de
que callase.

El joven volvió antes de lo que esperaban. No quiso perder el tiempo ni el trabajo, y no dió noticia alguna de los carmelitas. Los he visto bajar por el camino
del centro del bosque. Subi la cuesta; pero
al instante desaparecieron, y solo he hallado mis cabras, y muchas de ellas escar-

riadas del rebaño. A veces me hacen dar
unas carreras muy largas. Habeis de saber,
señor, que suben á lo mas alto del monte
Nuvola, y á la cima de las rocas, que lle-
gan cuasi hasta las nubes; y en fin, á donde no puedo trepar sin exponerme. Parece
que lo conocen las pícaras, porque cuan-
no ven que me acerco sin poder ya apenas respirar, dejan de saltar, y me miran
desde el pico de la roca muy quietas y so-
segadas, burlándose al parecer, y como
diciendo; cójenos si puedes.

Vivaldi, mientras el pastor acababa de
hablar, deliberó con Elena, si debian ó
no continuar al instante su viaje: hizo algunas otras preguntas á los pastores con
referencia á los frailes, y convencido de
que no habian tomado el camino de Celano, ó en caso de haberle seguido, que irian
ya á una larga distancia, propuso salir y
caminar despacio. Nada tenemos que temer de estas gentes, continuó diciendo, y
hay mas peligro si anochece antes de llegar á Celano. El camino es montuoso, no
le conocemos, y tal vez....

Elena aprobó esta determinacion; se
despidieron del pastor, que nada queria

tomar en recompensa de sus servicios, los
dió nuevas instrucciones y salieron.

Luego que llegaron al sitio donde el
joven dijo que habia visto á los carmelitas, Elena miró por todos lados como zozobrosa, al mismo tiempo que Pablo silencioso unas veces, y otras silvando y can-
tando para disimular el miedo, registra-
ba cuantas matas habia en el camino, por
si los religiosos estaban escondidos en alguna de ellas.

Pasado el valle dirijia el camino hácia
unas alturas en donde habia muchos rebaños pastando las yerbas y plantas aromáti-
cas de esta célebre comarca. Ya iba á ponerse el sol, cuando desde la altura vieron
nuestros viajeros el majestuoso lago de Celano circundado de montañas.

¡Ah! señor, dijo Pablo; ¡qué vista tan
hermosa! Me trae á la memoria mi pais;
es casi tan delicioso como la bahía de Nápoles.

Se detuvieron á observar esta perspectiva, y al mismo tiempo á que descansasen
los caballos. Los rayos del sol que refle-
jaban en las aguas en circuito de diez y
ocho ó veinte leguas, iluminaban las vi-

llas y las aldeas, los conventos y las iglesias que hermoseaban las cercanías del lago, y los diversos colores que ofrece la tierra, por la diversidad del cultivo, y las montañas con el de púrpura, semejante al fondo de un hermoso paisage.

Vivaldi señalaba á Elena la encumbrada cima del Velino, que separa los términos del reino de Nápoles de los estados de Roma. Su picota domina todas las alturas inmediatas, y sus vivos peñascos forman un hermoso contraste con el verdor del monte Majella, cuya cima está cubierta de nieve: de las orillas mismas del lago arranca el monte Salviano, cuyo nombre trae su etimología de la palabra latina, que significa salvia, por la infinita que produce. Desde allí tambien se ve el monte Corno, enorme y horrible, porque amenaza ruina al parecer, y San Nicolo de rocas vivas; en fin, al Este se ve una parte de la cordillera de los Apeninos, que cierra el círculo, y se aproxima al Velino por el Oeste.

¡Ah! señora, dijo Pablo, observad como se parecen aquellos barcos pescadores á los que hay en la bahía de Nápoles; pe-

ro exceptuando esa hermosa esplanada ó
playa de agua casi como nuestra bahía,
y esta montaña que se puede comparar á
nuestro vesubio, si arrojase torrentes de
fuego, lo demas no es una cosa grande.

Querido Pablo, no esperes ver por aqui
una montaña tan hermosa como el vesubio, aunque todas estas han sido volcanes
en otro tiempo, le dijo Vivaldi, sonrién-
dose por la inclinacion que manifestaba á
su pais.

Señor, si han arrojado fuego como la
nuestra, las respeto y las miro con mayor
gusto; pero nuestra montaña es la sola en
el mundo. ¡Qué hermosa se presenta en
una noche obscura! ¡Qué llamas vomita,
y qué altas! ¡Qué luz comunica al mar!
parece que arde toda la bahía. He visto
llegar el resplandor hasta Caprea, y formar un movimiento sobre la superficie de
las aguas en todo el golfo; de modo que
se distinguian los barcos y hasta las personas en el puente, como si fuese medio
dia. No habeis jamas visto eso como yo.

Pablo, tú te olvidas de que lo hemos
visto juntos, y del mal que causa frecuentemente el vesubio, dijo Vivaldi; y vol-

viéndose hácia Elena, la señaló como á una milla del lago la ciudad de Celano, donde se dirijian.

· : Lo despejado de la atmósfera dejaba descubrir á lo lejos hasta los pormenores de la perspectiva de este hermoso clima; y la indicó tambien la Alba moderna, situada sobre una altura al Oueste, y dominada por las ruinas de su antiguo castillo, sepulcro de muchos príncipes depuestos por Broina, los cuales terminaron allí su triste vida. Por las rejas de la prision veian estos campos, cuya hermosura no satisface á los que han pasado su vida en las intrigas de la corte, y entregados á una ambicion seductora, ni á los que miran el fin de su existencia como la noche de un dia sereno y puro.

A estos deliciosos sitios, continuó, vino un Emperador romano, con solo el objeto de disfrutar el espectáculo mas cruel, y el mas feroz de los placeres. Aqui es donde Claudio dispuso una funcion para celebrar la conclusion del grande y magnífico acueducto, por donde se conducian las aguas desde el lago Celano hasta Roma. En él dió un combate naval, en donde pereció un número considerable de esclavos por solo divertirse. Estas aguas cristalinas se tiñeron con sangre humana y se llenaron de cadáveres, entre los cuales flotaban los suntuosos barcos del Emperador, y los ecos de estas riberas repetian los aplausos de un pueblo transformado en las furias del infierno.

Me cuesta trabajo creer la historia, dijo Elena, respecto á ciertos cuadros que nos presenta de la naturaleza humana.

Señor, dijo Pablo, me parece que mientras estamos tomando el aire tan á nuestro gusto, los dos carmelitas acaso nos observarán detras de alguna mata, para despues sorprendernos. ¿No seria mejor que continuásemos?

Los caballos ya han descansado bastante, dijo Vivaldi; y si tuviera miedo á estos extrangeros, no nos hubiéramos detenido ni un momento.

Sigamos nuestro viaje, dijo Elena.

Sí señora, el partido mas seguro es el mejor, contestó Pablo. Desde aqui se ve Celano, y llegaremos antes que anochezca. No tenemos montañas que iluminen el camino. ¡Ah! Si estuviéramos aunque no fuese mas que á veinte millas de Nápoles, y fuese en una noche de erupcion, de iluminacion....

Elena se entregaba á sus reflexiones, conocia perfectamente su situacion, y *lo* mucho que influiria en su buena suerte la determinacion que debia tomar en este momento, aunque fuera ya de la prision de San Estéban, y reunida á Vivaldi, su amante protector y libertador. Este por otra parte observaba su semblante abatido y triste, sin poder adivinar el motivo de su inquietud, que atribuia á indiferencia; pero no quiso manifestarla sus recelos, ni renovar sus anteriores pretensiones hasta que se hallase en parage seguro, en donde con toda libertad admitiese ó desechase sus proposiciones.

Llegaron á Celano antes que cerrase la noche; y á instancia de Elena se informó Vivaldi si habia en la villa algun convento donde la hospedasen aquella noche. El primero á que se dirijió era de carmelitas, y no quiso darse á conocer por las relaciones que tendrian con el de San Estéban; pero supo que en el pueblo no habia mas que dos conventos de monjas, y no recibian á nadie. Elena se resignó á permanecer donde estaba, cuando llegó Pablo, que se habia informado por otra parte, y les dijo que en una villa que estaba á las orillas del lago, y á muy corta distancia de Celano, habia un convento en donde recibian muy bien á los extrangeros. Este sitio no era tan concurrido, y Vivaldi propuso á Elena que si no se hallaba muy cansada, podian pasar á él, á cuya propuesta accedió.

Al salir de Celano, dijo Pablo: la noche está muy hermosa, y no nos podemos perder. No hay mas que un camino, y la villa está á milla y media. Ya me parece que veo uno ó dos campanarios sobre la derecha de este bosque, á cuya orilla brillan las aguas del lago con el reflejo de la luna.

No, Pablo, dijo Vivaldi, lo que á tí te parecen campanarios son las cimas de algunos cipreses.

Este aire aromático y suave me reanima, dijo Elena; y á pesar de la sombra que se advierte, se distinguen los objetos que no estan muy distantes; las montañas aun indican su magnificencia y hermosura por la luz que se conserva todavía en el horizonte.

Todo está por aqui en sosiego, dijo Vivaldi, y estraño que haya quien viaje de dia por un clima en donde son tan apacibles las noches.

Señor, ya está cerca la villa, porque distingo perfectamente los capiteles de las torres; veo luz, y aun oigo campanas. Me parece que tienes razon, contesto Vivaldi; ya nos falta poco que andar.

Bajaron á una llanura que conducia á la ribera, y Elena no advirtió mas que el susurro de las olas, y el ruido de los remos de un barco en que se divisaba una luz.

La ribera formaba una balsa espaciosa en el lago. A lo largo de sus orillas habia espesos bosques que se estendian hácia las montañas, y en algunos parages rocas que daban al lago. Siguieron su marcha por la bahía, y advirtieron ya la poblacion; las luces que veian aparecian y desaparecian como las estrellas en una noche oscura, cuando el cielo está cubierto de nubes. Oyeron por fin el canto de los pescadores, y algunos otros sonidos acordes.

¡Qué alegría! dijo Pablo; da ganas de bai-
lar. Señor, ¿veis aquel grupo de gente que
baila al rededor de los árboles? ¡Que no
esté yo allí! Vamos Pablo, que luego llegaremos, y quedarás contento. Entraron
en la villa, que solo tenia una calle á la
orilla del lago. Preguntaron por el convento de las Ursulinas; se dirijieron á él,
y habiendo salido la portera, avisó á la
abadesa, y volvió con la respuesta. Se apeó
Elena del caballo, y siguió á la portera al
locutorio. Vivaldi esperaba á la puerta la
resolucion de si admitian ó no á Elena,
cuando le avisaron que la abadesa le esperaba en el locuturio para hablarle. Le ofre-
cieron refresco, que no aceptó, porque dijo que iba á buscar alojamiento para él, y
la abadesa le dirijió al convento de benedictinos con recomendacion para el
abad.

Vivaldi se despidió de Elena, y aunque en su concepto seria muy corta esta
separacion, se fue abatido é inquieto, apesar de las circunstancias. Elena quedó tambien melancólica luego que cerraron la
puerta, y se halló otra vez sola entre gentes que no conocia. Las particulares de-

mostraciones de la abadesa no la distraian de sus tristes reflexiones, y aumentaban mas su inquietud las hermanas que la miraban con la mayor atencion y curiosidad, hasta que por último se retiró á descansar á la habitacion que la tenian preparada. Vivaldi fue bien recibido de los benedictinos, que apreciaron mucho su visita, porque vivian siempre en soledad. Entregados á la conversacion, y cediendo al placer que disfruta la imaginacion cuando ejerce sus facultades y adquiere nuevas ideas, el abád y algunos monjes siguieron hablando con el extrangero hasta muy tarde.

Luego que Vivaldi se retiró á su habitacion, se le agolparon en la imaginacion una multitud de pensamientos muy diferentes de los que tenian los monjes. La desgraciada suerte á que estaba expuesto, si perdia á Elena, era el objeto de todas sus reflexiones. Ahora que ya la veia en un lugar seguro, no habia motivo para guardar con ella el silencio que la tenia prometido. Al dia siguiente por la mañana se resolvió á hablarla acerca de la materia, á exponerla de nuevos los motivos que habia para verificar al momento el matrimonio, esperando encontrar algun sacerdote que los diese la bendicion nupcial, por cuyo medio aseguraba su felicidad y la de Elena, á pesar de los esfuerzos de aquellas personas que se habian opuesto á que se verificase esta union, manifestando tan vivo encarnizamiento.

CAPÍTULO XIII.

Al paso que los viajeros se iban alejando del convento de san Estéban, el marques sentia cierta inquietud producida por la incertidumbre de la suerte de su hijo, y la marquesa estaba temerosa de que este llegase á descubrir la reclusion de Elena; pero sin dejar por eso de disfrutar todas las diversiones que ofrecia la poblacion. Sus reuniones eran como antes, las mas brillantes de Nápoles, y en cualquier caso cuidaba con el mayor esmero é interes de su persona favorita; pero en medio de esta disipacion, no podia menos de pensar muchas veces en el peligro á que estaba expuesta de ver abatido su orgullo por el matrimonio de su hijo, que hubiera sido para ella mas insoportable á causa de una nueva circunstancia que ocurria.

Al marques le habian propuesto una boda muy ventajosa para Vivaldi con una joven poderosa y de alta gerarquía, y la ejecucion de este enlace interesaba mucho á la marquesa, porque por este medio podia continuar mejor los imprudentes extravíos y gastos ruinosos á que la conducia su vanidad, disipando mas de lo que la producian sus estados.

Estas consideraciones la agitaban, cuando llegó un correo despachado por la abadesa de san Estéban con la noticia de que se habia fugado Elena. Fue tal su furor, que llegó al extremo de sofocar los sentimientos de madre. No veia en su hijo sino un hombre desnaturalizado, que sacrificaba su familia á una indigna pasion, dando por supuesto que habia verificado su matrimonio con Elena, y por consiguiente que el mal era ya inevitable. Incapaz de soportar por sí sola esta idea, envió á llamar á su consejero favorito Schedoni, para aliviar el peso que oprimia su corazon, y buscar algun arbitrio para disolver una union que tanto detestaba. En medio de su desesperacion violenta, cuidó de no manifestar al marques el contenido de la carta escrita por la abadesa, antes de consultar con su confesor. Conocia perfectamente los principios y sana moral de su marido, y no queria exponerse á que desaprobara las medidas que las pareciesen necesarias; y persuadida de que su hijo estaba ya casado, no se lo quiso decir antes de discurrir algun medio para llevar adelante sus intentos.

No hallaron á Schedoni, y en la inquietud que la agitaba los mas pequeños obstáculos la enfurecian. Necesitaba indispensablemente desahogar su corazon con el consejero y no cesaba de mandarle recados al convento.

Por último, como al anochecer llegó Schedoni. Confirmó la noticia que ya tenia la marquesa, porque estaba informado de la evasion de Elena y de que se dirijia á Celano, habiéndole añadido tambien que se habia casado con Vivaldi. No manifestó el conducto por donde tenia todas estas noticias tan circunstanciadas; pero las apoyó con tales datos, que la marquesa las creyó y su desesperacion se aumentó extraordinariamente.

Schedoni observaba con placer este exceso de agitacion, porque la marquesa tenia necesidad de sus consejos, y veia el momento de vengarse de Vivaldi sin incomodarse con ella. Lejos de tratar de tranquilizarla, la irritaba y exaltaba cada vez mas, pero con tal artificio que ella llegó á creer que todo se dirijia á disculpar los defectos y extravíos de Vivaldi, y á consolarla en su triste situacion.

Ha sido una medida inconsiderada, la decia; pero es muy joven, y no prevee las funestas resultas de su imprudencia. Tampoco conoce lo que perjudica esta conducta á la dignidad y esplendor de su familia; lo que perderá por esta razon en la corte, y entre las personas de la primera distincion, y aun entre las gentes vulgares, con quienes no ha tenido reparo en acompañarse. Embriagado con las pasiones, hijas de la juventud, no sabe apreciar estas ventajas, cuyo valor solo podemos conocer con la instruccion y la experiencia. Las desprecia en el dia, porque desconoce su influjo en la sociedad y no advierte que se envilece á sí mismo por todos conceptos. Es mas digno de compasion que de castigo.

La bondad con que le disculpais, reverendo padre, dijo la marquesa en su
agitacion, prueba la generosidad de vuestro corazon; pero no justifica la infamia
de sus sentimientos, y que su conducta
desdora la familia. No me tranquiliza el
pensar que nazca mas bien del error, que
de la corrupcion de sus costumbres; porque me basta saber que ha cometido esta
falta, que ya es irremediable, para no per-
donarle jamas.

¿Y no ha de haber remedio, señora?
dijo Schedoni; eso es demasiado asegurar.

¿Cómo padre mio? replicó la marquesa.

Tal vez podrá encontrarse algun arbitrio, repuso Schedoni.

Decidme cuál es por Dios; porque yo
no encuentro ninguno, preguntó ansiosa
la marquesa.

Es cierto señora, respondió Schedoni,
que no estoy completamente seguro de que
tenga un buen resultado; pero mi zelo por
vuestra felicidad y por el honor de la familia es tan grande, que conservo, á pesar
de las mayores dificultades, la esperanza
de seros útil. Permitid que lo reflexione.=
¡Ay de mí! el mal es de mucha conside-

racion, esclamó la marquesa, y tal vez
será preciso ceder. = Es dificil de remediar, dijo Schedoni.

Es muy cruel, padre mio, dijo la marquesa, que me lisonjeis con esperanzas que
no podeis realizar.

Perdonad mi turbacion, dijo Schedoni;
pero ¿cómo es posible que yo mire á una
familia tan antigua y respetable, reducida
á este extremo y envilecida por un joven
atolondrado, sin que experimente el mas
profundo sentimiento é indignacion, y sin
hallarme dispuesto á recurrir á medios
quizá violentos para evitar este oprobio?

¡Oprobio! exclamó la marquesa. La palabra es muy dura, y sobre todo de vuestra boca; pero está bien aplicada. ¿ Y será
preciso que cedamos?

Preciso, si no hay otro remedio, respondió el confesor con serenidad.

¿Por qué no hay una ley que impida ó
que castigue unos matrimonios tan criminales como este, dijo la marquesa?

Es muy doloroso en verdad, repuso el
padre.

La muger que deshonra una familia con
un enlace clandestino, dijo la marquesa,

merece ser castigada casi como los reos de estado, porque insulta y envilece la nobleza, que es el apoyo mas firme en que estriba su seguridad.

Una pena casi igual, dijo Schedoni, no basta : decid con la misma pena; porque solo la muerte es capaz de borrar el oprobio de una familia ilustre, cuyo honor se ha amancillado de este modo. Me he admirado muchas veces de que nuestros legisladores no hayan conocido la justicia y necesidad de una ley de esta especie.

Es muy raro en efecto, contestó la marquesa pensativa, que el interes del amor propio no haya sido capaz de sugerirla.

Señora, repuso Schedoni con tono grave, la justicia no deja de existir aunque se desprecien sus leyes; el germen está dentro de nuestro corazon, y cuando no obedecemos á su impulso, es por debilidad, no por virtud.

Es una verdad, de que en ningun tiempo se ha dudado, contestó la marquesa.

Sin embargo, señora, algunas veces tambien se duda : cuando la justicia se opone á las preocupaciones, nos inclinamos á

creer que es una virtud desobedecer su
voz. Por ejemplo, supongo que la justicia
condena á esta joven, á quien no conde-
nan las leyes escritas del reino, en cuyo
caso vos misma, á pesar de vuestro talento
varonil y justo, creeriais cometer un crímen: y esta es una opinion hija del temor, no del amor á la justicia.

Decidme pues, le preguntó la marquesa
en voz baja, ¿ cuál es vuestra opinion ? Y
vereis que tengo el valor de un hombre.

Ya la he dicho, replicó Schedoni; mis
palabras no necesitan mas explicacion.

La marquesa se quedó pensativa y si-
lenciosa.

En fin, señora, continuó Schedoni, os
he indicado el único medio que hay para
evitar la deshonra que os amenaza; si mi
zelo os desagrada, nada tengo que añadir.

No, mi reverendo padre, contestó la
marquesa; necesito algun tiempo para
acostumbrarme á mirar con indiferencia
las nuevas observaciones que acabais de
hacer. Mi corazon conserva todavía una
parte de la debilidad propia del sexo.

Disculpad señora mi zelo indiscreto.
Yo solo merezco reprension; si aun con-

servais alguna debilidad, es disculpable; y lejos de combatirla, será acaso mejor y mas conveniente estimularla.

¿Cómo es eso padre? Si se la debe estimular, será mas bien una virtud que una debilidad.

Enhorabuena, contestó Schedoni con indiferencia. El zelo que me anima por vuestros intereses, puede extraviar mis ideas y hacerme que sea injusto. Dejemos esto y no lo mireis sino como una prueba de mis deseos de serviros.

¡Qué decis padre mio! no puedo menos de daros gracias, y no basta; os soy deudora de todo mi agradecimiento, y espero que llegue el dia de poderlo acreditar.

El confesor la hizo una reverencia.

Deseo, continuó la marquesa, recompensar el zelo que me habeis manifestado. No será como lo merece el importantísimo servicio de haber salvado el honor de mi casa; pero....

Señora, me faltan expresiones para manifestaros mi gratitud á vuestras bondades como es debido.

La marquesa deseaba que Schedoni hablase del asunto de que ella se habia separado, y él por su parte esperaba que la marquesa misma se le indicase. Estaba indecisa y pensativa, porque su alma no estaba acostumbrada el crímen, y el que Schedoni la habia propuesto, la aterraba. No se atrevia á pensar en él, ni á pronunciar su nombre. Con todo era tal la indignacion que la inspiraba su orgullo y tan vehemente el deseo de vengarse, que su interior sufria una verdadera borrasca, que amenazaba aniquilar la poca humanidad que la quedaba. Schedoni observaba todos estos movimientos y sus progresos, y como el tigre, que acosado del hambre se esconde en la oscuridad, esperaba el momento de arrojarse á la presa.

Padre mio, dijo la marquesa despues de un largo silencio, ¿sois de opinion.... es vuestro parecer.... que Elena?.... Calló esperando que Schedoni acabase la frase; pero este no la quiso evitar la repugnancia que la costaba vencer su delicadeza.

¿Os parece que esta muger artificiosa merece?=Volvió á callar; pero el confesor no desplegó sus labios, fingiendo que esperaba con sumision á que la marquesa se esplicase.

¿Juzgais que merece ser castigada con severidad?

Sin duda, respondió Schedoni; ¿y vos no pensais tambien lo mismo?

¿Creeis, continuó la marquesa, que no hay castigo proporcionado á un delito de esta especie?.... ¿Que la justicia y la necesidad de las circunstancias exigen que perezca? ¿No es esta vuestra opinion?

¡Ah! señora, perdonad. Acaso me habré equivocado. Solo he tratado de indicar mi opinion, y al formarla puede haberme alucinado mi zelo por la justicia. Cuando el corazon está agitado no es fácil conservar el juicio.

¿Pues no pensais, padre mio, dijo la marquesa con cierto enfado?....

Señora no digo eso: yo dejo á vuestra prudencia decidir con la exactitud que acostumbra; y al decir estas palabras se levantó para marchar.

La marquesa agitada quiso detenerle; pero se escusó el padre pretestando una ocupacion á que no podia faltar.

Muy bien reverendo padre; no quiero deteneros en este momento: pero ya sabeis lo mucho que aprecio vuestro dictámen, y espero que no me le negareis cuando le necesite.

Vuestra confianza me honra infinito, dijo el confesor; pero la materia de que tratamos es muy delicada.

Esa es precisamente la razon porque no me decido sin consultaros antes.

Señora, quisiera que os aconsejaseis de vos misma, porque ninguno os instruirá mejor.

Padre mio ¿ me adulais?

No , hija mia.

Hasta mañana por la noche, dijo la marquesa: iré á San Nicolas á vísperas. Esperadme alli, y despues que se concluyan pasaré al claustro, en donde nos veremos y hablaremos sin testigos de un asunto que tanto me interesa.

Buenas noches , padre mio.

La paz quede en vuestra compañía, hija mia, y la sabiduría os ilumine. No dejaré de ir á San Nicolas.

Cruzó los brazos, hizo una profunda reverencia, y dejó á la marquesa sola y abandonada á sus pasiones y opiniones, proyectando la desgracia agena al mismo tiempo que proyectaba tambien la suya.

CAPÍTULO XIV.

Al siguiente dia y hora señalada, la marquesa fue á San Nicolas; dejó sus criados y el coche á la puerta, y entró en la iglesia acompañada de una doncella.

Concluidas las vísperas, esperó que saliesen las gentes, y entró en el claustro. Su corazon estaba agitado, porque la paz jamas habita con pasiones criminales. A poco rato vió que Schedoni se dirijia hácia ella.

Luego que el confesor observó su estremada agitacion, conoció que no se habia resuelto todavía á abrazar el partido que la propuso el dia anterior; pero á pesar de la inquietud que le causó esta observacion, se mantuvo inalterable, disimulando la crueldad que estaba como retratada en su vista penetrante, que anunciaba al mismo tiempo el artificio y falsedad.

La marquesa séria y reflexiva mandó retirar á la doncella, y se quedó sola con su confesor.

¡Hijo desgraciado, decia, cuántas pesadumbres no acarrea tu locura á toda la familia! ¡Padre mio, ahora es cuando necesito de vuestros consejos y consuelo! No puedo sosegar un momento. La imagen de este hijo me persigue noche y dia. Solo encuentro alivio en vuestra conversacion, como único amigo desinteresado con quien puedo consultar.

El confesor la dió gracias, y dijo; el señor marques, tan interesado en este lance, es persona á quien con preferencia debeis consultar en materia tan delicada.

Ya sabeis padre que el marques es muy preocupado. Es hombre racional; pero se engaña muchas veces, y no se quiere convencer. Tiene una alma grande, pero le falta discernimiento y energía, que es lo que constituye la verdadera grandeza. Si es necesario adoptar alguna medida que se separe algo de las reglas de la moral, que aprendió de memoria en su infancia, se obstina y á todo se resiste. No se pone en estado de distinguir la diferencia que hay entre las diversas circunstancias que conducen á la virtud ó al crímen. No nos podemos exponer á que repruebe el arriesgado proyecto que hemos concebido.

Teneis mucha razon, señora, dijo Schedoni, afectando cierta admiracion.

No creo que le debemos consultar, continuó la marquesa, porque tal vez nos opondrá objeciones que nos contengan. Lo que nosotros hablamos ninguno lo sabrá: cuento siempre con vuestro silencio.

¡Ah! señora; como con el secreto de la confesion.

Lo que me hace dudar, repuso la marsa, es no atinar con el medio de librarnos de esta muchacha.

¿Es posible, dijo Schedoni, que con vuestro juicio recto y vuestro valor, esteis dudosa todavía? Solo teneis un camino que seguir: vuestra sagacidad le ha descubierto, y me habeis convencido de que por él nos debemos dirijir. ¿Será necesario que yo os convenza de una verdad que me habeis demostrado? Repito que no hay mas que un medio que adoptar.

Sí, replicó la marquesa, y he reflexionado acerca de él infinitas veces; pero confieso que mi debilidad me ha impedido la resolucion.

Conociendo Schedoni que se necesitaba su influjo para disipar los escrúpulos é incertidumbre de la marquesa, se explicó con mas claridad que antes.

Hija mia, ¿es posible que vuestro valor, superior á las preocupaciones, y aun á la reflexion, os ha de abandonar en el momento crítico de la ejecucion? Si la ley condenase á esa joven, os pareceria justo; y sin embargo no os atreveis á ejecutar la justicia por vuestra mano.

La marquesa despues de vacilar algunos momentos, le dijo: si yo lo hago me perseguirá la ley; y con un riesgo tan eminente la virtud mas heróica se contiene.

Nada de eso, señora, repuso el confesor con energía. La virtud debe arrostrar el peligro; en eso consiste todo su mérito. El principio de las acciones humanas, para que sean virtuosas, debe elevarse hasta este punto.

Un filósofo se hubiera sorprendido al oir dos personas sériamente ocupadas en demarcar los justos límites de la virtud, cuando estaban proyectando uno de los crímenes mas atroces.

La marquesa repitió: por fin la ley me perseguirá.

Pero la iglesia os protejerá y aun os absolverá, la contestó el confesor.

¡Absolucion decis! ¿Pues qué un acto de justicia la necesita?

Un acto justo y necesario, respondió. Schedoni, no la necesita; pero me acomodo con este lenguage á las preocupaciones vulgares, á la debilidad comun, y para tranquilizar vuestra conciencia. No hablemos mas de esta materia: á esa joven se la reducirá á la imposibilidad de que cause mas males, de que turbe la paz, y mancille el honor de una familia respetable... ¿En dónde está el crímen? Al contrario, me habeis convencido que es una justicia y una lícita defensa de vos misma.

Hablad bajo, padre mio, dijo la marquesa, porque aunque no haya gente en la iglesia, puede estar alguno escondido detras de estos pilares: decidme de qué modo se ha de manejar este asunto.

No deja de haber peligro, dijo Schedoni: no sé todavía de quién os podreis fiar. Los hombres que se dedican á ese oficio.....

Callad, dijo la marquesa, que oigo pasos.

Es un hermano que va al coro.

Despues que le perdieron de vista, el confesor continuó: no debemos fiarnos en gentes pagadas.

¿Por otra parte, á quién sino á gente mercenaria?.... y la marquesa se detuvó;

pero aunque la pregunta quedó sin concluir, no dejó de entenderla el confesor.

Disculpad la admiracion que me causa la incoherencia de vuestra opinion, si me es lícito usar de esta palabra, con la exactitud que habeis manifestado en esta conferencia. ¿Dudais que unos mismos principios sujieren la resolucion, y determinan á ejecutarla? ¿Por qué razon hemos de vacilar cuando vamos á hacer lo que hemos creido justo?

¡Ah! padre mio, dijo la marquesa con cierta emocion. ¿En dónde se hallará otro que piense con tanta justicia y energía?

Schedoni calló.

Un amigo de esta clase es inapreciable. ¿Pero en dónde le hemos de hallar?

Hija mia, dijo el padre enfáticamente, mi zelo por el honor de vuestra familia no puedo yo explicarle.

Querido padre, no sé como manifestaros mi gratitud, respondió la marquesa, que le habia entendido perfectamente.

El silencio es á veces muy expresivo, repuso Schedoni en tono de agradecimiento.

La marquesa se quedó pensativa. Su con-

ciencia la argüia, y en vano trataba de sofocar su imperiosa voz. Á veces experimentaba una horrible impresion que la estremecia. Su situacion era igual á la de una
persona que gradúa con la vista la profundidad de un precipicio, á cuya orilla ca-
mina vacilando : se admiraba de haber podido fijar ni un solo instante su imaginacion en un proyecto tan horroroso, como
el de cometer un asesinato. Los sofismas
del confesor, y las contradicciones en que
habia incurrido exponiendo su corrompida
moral, las notó bien la marquesa, y convencida por su propia reflexion, estaba casi resuelta á no atentar contra la vida de la
desgraciada Elena. Al fin, reanimado el furor de su pasion como la ola, que despues
de haberse retirado de la orilla, vuelve con
mayor furia, rompia los débiles diques que
la conciencia y la razon principiaban á
oponer.

Me honrais mucho con vuestra confianza, dijo Schedoni; pero este asunto es tan
importante....

No hay duda que lo es, replicó la marquesa; ¿pero cuándo se efectuará? ¿cómo?
¿En dónde? Desde que me he decidido,

la menor dilacion me es insoportable.

Sin embargo es preciso disponer los medios, dijo el confesor....

En la Pulla á orillas del Adriático, é inmediato á Manfredonia, hay una casa á propósito para ejecutar el proyecto: está sola en la misma ribera del mar, separada del camino, y en los bosques que se estienden á muchas millas por la costa. Esta casa, la habita un pobre pescador, á quien conozco: sé las razones que le han obligado á pasar esta vida solitaria y miserable; pero es inútil decir cuales son, porque basta que yo le conozca.

¿Qué padre mio, os fiareis de él?

Le confiaria la vida de la muchacha; pero no la mia.

Cómo, padre, no le confiariais la vuestra, y quereis....

¡Ay! mirad lo que haceis. Hace un momento que deciais que no se debia fiar de mercenarios, y ese hombre lo es.

Hija mia, atendida la situacion en que se halla, se le puede fiar. Nada se debe temer, le conozco, y tengo mis razones para creerlo.

¿Qué razones son esas, padre mio?

El confesor guardó silencio; pero su fisonomía se mudó repentinamente manifestando un caracter terrible, y su rostro se puso pálido y cadavérico; la pasion y el crímen se veian pintados en él. La marquesa se asustó, y al mirarle se arrepintió de haberle concedido su confianza; pero la resolucion estaba ya tomada, y era tarde. Le volvió á preguntar la razones que tenia para fiarse de aquel hombre.

¿Qué os importa saberlas, contestó, con tal que os saque del apuro?

Padre mio, dijo la marquesa despues de algunos momentos de silencio, descanso enteramente en vuestra prudencia y justicia, recargando esta última expresion; pero os suplico que despacheis cuanto antes, porque el esperar es para mí un purgatorio anticipado, y no reveleis la ejecucion de nuestro proyecto á ninguno. Á vos sólo es á quien debo las mayores obligaciones.

Lo que me habeis pedido últimamente no es muy racional, hija mia, dijo Schedoni mas tranquilo. ¿Cómo podeis figuraros que yo?....

¿No me dijisteis hace poco, repuso la marquesa, que los mismos principios pue-

den sugerir la resolucion y conducir á ejecutarla, y que jamas se debe dudar en hacer lo que se ha creido justo?

El silencio de Schedoni á las reconvenciones que la marquesa le hacia con sus
mismas palabras, manifestaba cierto disgusto....

La marquesa lo advirtió, y trató de ha-
lagarle diciendo: considerad cuan sensible
no me será contraer una obligacion de esta especie con un hombre á quien no apre-
ciase tanto como á vos.

Schedoni se manifestó agradecido á este
cumplimiento.

No os descuideis, continuó la marquesa,
porque el castigo debe seguir inmediatamente al crímen.

Al pronunciar estas palabras, miró á uno
de los confesonarios, en el cual habia esta
inscripcion: Dios te oye. Estas palabras la
aterraron; su fisonomía se alteró, y cayó
en una profunda meditacion. Schedoni estaba muy ocupado con sus ideas, y no la
observó ni advirtió su silencio. Volvió en
sí la marquesa, y acordándose de que todos los confesonarios tenian la misma inscripcion, se convenció de que no habia si-

do un aviso particular; pero los momentos que precedieron á estas últimas reflexiones, fueron muy amargos.

¿Padre mio, no hablabais de un sitio en
la costa del Adriático?

Sí, dijo el confesor.... En una habitacion
de esta casa hay....

¿Qué ruido es ese? interrumpió la marquesa. Escucharon, y percibieron á lo lejos los tristes ecos de un órgano.

¡Qué música tan triste! dijo la marquesa
con voz trémula. ¿En dónde es? Porque
las vísperas hace mucho tiempo que se acabaron.

Hija mia, la dijo Schedoni, vos decis que
teneis el valor de un hombre; pero ahora
aparentais la pusilanimidad de una muger.

Perdonad, padre mio, no sé á que atribuir la agitacion que experimento; procu-
raré serenarme. Me deciais que en una de
las habitaciones de aquella casa....

En aquella habitacion, dijo el confesor,
hay una puerta secreta que se usa hace
tiempo....

¿Y para qué fin? preguntó la marquesa.

Basta que sepais que hay una puerta falsa de que nos podemos valer...... Por esta

puerta.... á media noche..... cuando esté en el primer sueño....

Ya entiendo, dijo la marquesa; pero ¿ qué necesidad teneis de una puerta secreta en una casa aislada, solitaria y habitada por sola una persona que merece vuestra confianza?

De esta habitacion se sale al mar por un pasillo.... se la arroja de noche en la orilla, y despues las olas se la llevarán á lo interior sin dejar rastro ní señal alguna....

Callad, dijo la marquesa; escuchad ese sonido....

Volvieron á tocar el órgano, y en seguida se oyó una música pausada y triste. Cántan el oficio de difuntos, dijo la marquesa.

•Dios le haya perdonado, contestó Schedoni santiguándose.

La marquesa repitió asustada; es un oficio de difuntos, y estan en el primer *requiem*. Una persona acaba de pasar.

La marquesa sobresaltada siempre mudaba de color á cada instante; agitada su respiracion, y derramando algunas lágrimas, mas bien por su estado de desesperacion que por tristeza, se decia á sí misma:

ese cadaver vivo y animado hace poco
tiempo, ahora está frio é insensible. Aquellos sentidos tan delicados y activos, los
ha desorganizado la muerte; ¡y es este el
estado á que trato de reducir á uno de mis
semejantes! ¡Oh desgraciada! ¡desgraciada
madre! ¡á qué estremo te conduce la locura de tu hijo!

Se separó de Schedoni, y se paseó un
rato sola por el claustro. Su agitacion se
aumentaba; lloraba sin poderlo remediar
tapada con el velo, y los suspiros que lan-
zaba no se advertian por el ruido que sonaba en la iglesia.

Schedoni estaba tambien muy alterado;
pero era por temor y por desprecio. ¡Lo
que es una muger! decia; esclava de sus
pasiones, y juguete de sus sentidos, cuando el orgullo y la venganza la lisonjean
desprecia los peligros, y se sonrie al pensar en el crímen; pero si la música excita
alguna de sus fibras delicadas, al punto
pone en movimiento su imaginacion, y todas sus ideas se trastornan en un instante.
Mira con horror la accion misma, que poco antes la parecia virtuosa; cede á cualquiera nueva impresion, y su alma obede-

ce, se deja dominar, y se abate solo con un sonido. ¡Qué ser tan débil y despreciable!

La marquesa confirmaba esta misma observacion. Las pasiones violentas, que en su casa habian despreciado todos los avisos de la razon y de la humanidad, entonces estaban subyugadas por otras pasiones: sus sentidos conmovidos con la triste melodía que acababa de oir, y su supersticion estimulada por la casualidad particular de cantar un *requiem* á un difunto, y al mismo tiempo el proyecto del asesinato, la aterraron y excitaron su piedad por un momento. Su agitacion seguia, y se acercó al confesor.

En otra ocasion, le dijo, hablaremos de este asunto; estoy desazonada; buenas noches, padre mio, acordaos de mí en vuestras oraciones.

¡La paz os ocompañe, señora! la contestó el confesor saludándola. No os olvidaré; pero tened firmeza, y no os arrepintais.

La marquesa llamó á su doncella, y echándose el velo, se salió del claustro. Schedoni se quedó alli hasta que la perdió

de vista y desapareció con la oscuridad;
y se entró despues por otra puerta disgustado de algunas de las ocurrencias que aca-
baban de pasar; pero con esperanzas de llevar adelante sus proyectos.

CAPÍTULO XV.

Mientras la marquesa y el confesor estaban conspirando contra la vida de Elena,
se hallaba esta en el convento de santa Úr-
sula á la orilla del lago de Celano en donde habia encontrado un asilo. De resultas
de las fatigas é inquietudes que padecia habia ya tanto tiempo, la atacó una enfermedad que la precisó á estar en el convento
mas de lo que esperaba. Los esfuerzos que
hacia para vencerla contribuyeron á que se
aumentase. Deseaba poderse poner en camino, y no conseguia alivio alguno en su
indisposicion, de modo que pasó mas de quin-
ce dias antes de lograr su restablecimiento.

Vivaldi que la veia todos los dias por el
locutorio, no la quiso renovar sus instancias, porque tal vez podían perjudicar á su
salud; pero luego que principió á resta-
blecerse, se determinó á manifestarla poco

á poco el temor que tenia de que llegasen
á descubrir el sitio donde estaba, y la volviesen á llevar, cuyo riesgo se evitaba efec-
tuando el casamiento. Elena hubiera acce-
dido á los impulsos de su corazon recom-
pensando asi su afecto y servicios; pero las
objeciones que se hacia á sí misma, la ar-
redraban é impedian que se resolviese.

Despues que Vivaldi la expuso los peligros que á entrambos amenazaban, y re-
clamó la ejecucion de las promesas de Elena hechas á presencia de su difunta tia, la
recordó que si no hubiera ocurrido el suceso que dilató su union, ya Elena hubiera
cumplido su palabra. Últimamente, la suplicó que calmase su inquietud, y le diese
facultad para protejerla antes de salir del
asilo en que se hallaba.

Bien conocia Elena lo sagrado de su
promesa, y por lo mismo aseguró á Vivaldi que se creia como únida á él del mismo
modo que si estuviese casada; pero que no
podia resolverse á ejecutarlo si el marques
y la marquesa no se decidian á reconocerla
como hija. Que solo en este caso consentiria
olvidando todas las persecuciones que padecia, y que el mismo Vivaldi debia cui-

dar de conservar toda la dignidad posible á una muger con quien trataba de unirse.

Penetrado de la fuerza de estas razones, recordaba al mismo tiempo con el mayor sentimiento las circunstancias que ignoraba Elena, y confirmaban su determinacion. Se acordaba del modo injurioso con que el marques la habia tratado; su orgullo era entonces superior al temor de su situacion, y se resolvia á asegurar á todo trance la consideracion y respeto debido á Elena, suspendiendo el matrimonio hasta que su familia reconociese la injusticia, y la recibiese con el decoro que merecia. Pero duró poco esta resolucion, porque se veia atormentado por otras consideraciones. No era verosímil que los marqueses quisiesen sacrificar su vanidad al amor que su hijo profesaba á Elena, ni cediesen las preocupaciones á la verdad y justicia: sin embargo podia suceder que nuevas conspiraciones le obligasen á separarse de ella y tenerla que olvidar para siempre. Por último, el mejor medio que en su concepto habia para que quedase ileso su honor, era manifestar lo mucho que la respetaba presentán-

dola á las gentes con el caracter respetable
de esposa suya. Estas reflexiones le deter-
minaban á seguir su proyecto, pero no todas las podia comunicar á Elena, no solo
por el temor de que se resintiese su delicadeza, y de contristar su corazon, sino porque no tuviese nuevos motivos para no
querer entrar en una familia que la trataba
de un modo tan injusto.

Al mismo tiempo que Vivaldi estaba
ocupado en estas consideraciones, Elena
advertia la emocion que le causaban. Se
enterneció, y estimulada de la ternura y
del agradecimiento, se reconvenia á sí misma de que por conservar su dignidad, habia sacrificado á un hombre, exponiéndo-
le muchas veces á grandes peligros por librarla de la opresion. Conocia la injusticia
de negarse á cualquiera especie de sacrificio por hacer feliz á quien la habia salvado
á costa de su misma vida. Su conducta, que
hasta entonces la habia tenido por virtuosa, la parecia ya criminal; la opinion en
conservar su dignidad, un orgullo miserable; la delicadeza, una pusilanimidad; su
reserva, ingratud, y sus prudentes temores,
pobreza de espíritu.

Vivaldi, que estaba preparado á la esperanza lo mismo que el temor, notó que Elena principiaba á ceder, y la volvió á instar; pero no pudo conseguir que se decidiese acerca de un objeto de tanta importancia. Le despidió con sola una débil esperanza, prohibiéndole que volviese hasta el dia siguiente, en que le daria su última resolucion.

Nunca le pareció el tiempo mas pesado y penoso: solo á las orillas del lago, agitado entre la esperanza y el temor, se empeñaba en querer adivinar la decision de que pendia toda su felicidad, ó en desechar esta idea cuando no lisonjeaba sus deseos.

No separaba la vista del convento donde estaba Elena. Asi alimentaba sus esperanzas; y no pudiendo algunas veces soportar las angustias de la incertidumbre, se retiraba; pero una fuerza oculta le impelia á volver al mismo sitio; de modo que anochecíó, y estaba todavía paseando al rededor del asilo de Elena.

Esta no tuvo mayor tranquilidad. Siempre que conseguia por la reflexion y la prudencia separar de su imaginacion la idea de entrar en una familia que la despreciaba, advertia la justicia de la causa de Vivaldi, y no podia menos de manifestarle su reconocimiento y amor. Los recuerdos de lo pasado le favorecian; la voz de Bianchi parece que la decia desde el sepulcro, cumple las promesas que hicistes á mi presencia algunos minutos antes de espirar.

Al dia signiente por la mañana se fue Vivaldi á la puerta del convento antes de la hora señalada, y esperó con dolorosa impaciencia á que la campana le indicase el momento de entrar.

Ya estaba Elena en el locutorio, y sola; luego que le vió, se levantó turbada. Se acercó Vivaldi con timidez, sin poder hablar, y con la vista inquieta y sobresaltada; pero fija en la de Elena queria conocer su resolucion. Observó esta su palidez y emocion, con cierta mezcla de sentimiento y satisfaccion. Por fin, Vivaldi la vió sonreir, la cogió la mano, y se disiparon la inquietud, el temor y las dudas. No la pudo manifestar de otro modo su agradecimiento que con suspiros profundos, y apretándola la mano con la suya; y llegó á tal el exceso de su alegría, que casi desmayado tuvo que apoyarse en la reja que los separaba.

¡Al fin eres mia! la dijo. Ya no nos volveremos á separar: ¡eres mia para siempre! Pero advierto que mudas de color: ¡Cielos! ¡me habré engañado! Habla, Elena, te lo ruego, disipa la terrible duda en que me hallo.

Soy tuya, replicó; nuestros enemigos no podrán ya separarnos.

Comenzó á llorar, y se echó el velo.

¿Qué llanto es ese? la dijo con terneza. ¡Llorar en un momento como este! Esas lágrimas me abrasan el alma: parece que me dicen que has consentido contra tu voluntad; que tu amor no corresponde al mio, y que no soy dueño de tu corazon.

Te engañas, Vivaldi: estas lágrimas indican mas bien que soy enteramente tuya; que mi afecto jamas ha sido mas vehemente, porque me hace superar todos obstáculos para ser admitida en tu familia, y dar un paso, que en su concepto, y aun acaso en el mio, me debe degradar.

Amada Elena, desecha esa idea cruel; ¡degradarte en tu concepto y en el suyo! Se alteró extraordinariamente en este momento, y manifestando en su semblante un aire de dignidad, que no acostumbraba, la dijo con una especie de énfasis.

Querida Elena, el tiempo de acreditar tu mérito y singulares virtudes se acerca. ¡Me alegraria tener una corona que ofrecerte, para manifestar á todo el mundo lo mucho que te amo!

Elena le volvió á dar su mano, y alzándose el velo, manifestó entre las lágrimas una dulce sonrisa, que expresaba al mismo tiempo su gratitud y su tranquilidad.

Antes de salir del convento pudo Vivaldi lograr que Elena le diese su permiso para preguntar á un religioso del monasterio en que estaba hospedado, y á quien habia confiado sus secretos, la hora en que se podria celebrar el matrimonio con la menor publicidad posible; y habiendo en efecto preguntado, el religioso le respondió que concluido el oficio nocturno, les quedaba algun tiempo desocupado, y que una hora despues de anochecer, cuando los monges estan en el coro, iria á una capilla algo separada del monasterio, y los casaria.

Volvió Vivaldi á dar parte á Elena de
la disposicion que acababa de tomar, y
conviniéron en que á la hora señalada irian
entrambos á la capilla.

Consiguió Elena de la abadesa, que ya
sabia el proyecto, que la acompañase una
hermana lega, debiéndolas esperar Vivaldi fuera del convento para conducirlas; y
concluida la ceremonia se debian embarcar
en el lago para ir á Nápoles. Con este fin,
Vivaldi fue á alquilar un barco.

Al acercarse la hora, sintió Elena un
abatimiento estraordinario, y algunos pre-
sentimientos tristes: veia con dolor que el
sol se oscurecia entre negras nubes, y que
sus rayos, comunicando todavía su reflejo á las montañas, cedian insensiblemente
á la oscuridad. Se despidió de la abadesa,
dandola gracias por su buena hospitalidad,
y acompañada de la hermana lega, salió
del convento.

A la puerta encontró á Vivaldi; la dió el
brazo, y se encaminaron á la capilla de
S. Sebastian. La escena correspondia perfectamente á la situacion de Elena, porque
el tiempo estaba sombrío, y las olas que se
estrellaban en las rocas formaban un ruido

confuso con el silvido del viento, que doblaba las altas copas de los abetos.

El cielo se presentaba cubierto de nubes muy negras ; los truenos que se oian de cuando en cuando á lo lejos, repetian sus ecos entre las montañas; y las aves volaban tocando la superficie de las aguas, y se acogian á sus nidos escondidos entre las rocas.

Asustada Elena por la tempestad que amenazaba, insinuó á Vivaldi lo mucho que temia atravesar el lago, y su amante mandó á Pablo que despidiese el barco, y buscase inmediatamente un coche.

Al acercarse á la capilla se paró Elena á mirar los altos cipreses que la rodeaban. ¡Estos son árboles que solo recuerdan ideas fúnebres, dijo, y que estan bien colocados junto al altar en donde nos vamos á unir: soy algo supersticiosa, Vivaldi, ¿no es verdad? ¿ No te parece que estos cipreses nos anuncian un porvenir funesto? disculpa estos tristes pensamientos, porque mi espíritu se halla abatido.

Vivaldi procuró tranquilizarla, y entraron en la capilla, en donde solo habia una luz moribunda y reinaba un profundo silencio. El venerable religioso, acompañado de otro hermano, estaba orando.

Se acercó Vivaldi al altar con Elena, y esperaron á que el religioso acabase su oracion. Cada vez mas sobresaltada, miraba Elena á todas partes, recelosa de que alguno los observase; y á pesar de que no era verosímil que en Celano hubiese persona interesada en impedir su matrimonio, no podia evitar la idea de su posibilidad. Al tiempo de mirar á una ventana, la pareció haber visto por entre los vidrios el rostro de una persona que observaba; pero volvió á mirar, y ya no vió á nadie. Cualquiera ruido que oia, por pequeño que fuese, la inquietaba, y alguna vez se figuraba que el choque de las olas del lago, en cuyas rocas estaba edificada la capilla, eran voces y pasos de hombres que se acercaban. Procuraba tranquilizarse, reflexionando que tal vez serian algunas personas del monasterio, conducidas por una curiosidad inocente. Logró por medio de estas reflexiones serenarse un poco; pero advirtió que estaba entreabierta una puerta, y que á la entrada habia un hombre, cuya fisonomía indicaba designios siniestros, al mismo tiempo que este se retiró y la cerró.

Vivaldi, que advirtió la alteracion en el semblante de Elena, miró á la puerta, y no viendo á nadie, la preguntó la causa de su inquietud.

Nos observan, le dijo; hace muy poco que estaba un hombre en aquella puerta.

Si nos observan, querida mia, no por eso has de creer que es un hombre á quien debamos temer. Reverendo padre, dijo Vivaldi al religioso: ¿os olvidais de que estamos aqui?

El religioso le hizo seña de que ya concluia su oracion: se levantó, y Vivaldi le suplicó que cerrase las puertas de la capilla para evitar la curiosidad de las gentes: no puedo, le contestó, porque este es un lugar santo, y á ninguno se le debe impedir la entrada.

Por lo menos, insistió Vivaldi, podreis reprimir la vana curiosidad de uno que nos espia por fuera, desde aquella puerta, y asi calmareis la inquietud de esta señorita.

Accedió el hermano, y Vivaldi fue con él á la puerta; pero habiendo observado que no habia persona alguna en todo el

tránsito que se descubria desde ella, se volvió tranquilo al altar, de cuyas gradas se
levantaba el que los habia de casar.

Hijos mios, les dijo el religioso, os he
hecho esperar; pero las oraciones de un
anciano son tan importantes como los vínculos que vais á contraer.

Ocupó el lugar que debia en el altar, y
abrió el ritual: Vivaldi se colocó á su derecha, animando á Elena con sus inquie-
tas y tiernas miradas, porque poseida de
un grande abatimiento, y con la vista fija
en la tierra, estaba apoyada en la hermana
lega. La alta estatura y áspera fisonomía
del hermano cubierto con su ropon gris; la
figura y facciones groseras de la hermana;
la cabeza encanecida y semblante pacífico
del sacerdote que celebraba, en contrapo-
sicion á la juventud, gracia y viveza de Vivaldi, y á la dulzura y belleza de Elena,
formaban un grupo digno del pincel.

Ya habia principiado el sacerdote la ceremonia, cuando Elena observando siempre la puerta, que la tenia sobresaltada,
notó que se volvia á abrir muy poco á poco,
con el mayor silencio, y que un hombre
de estatura gigantesca sacaba la cabeza:

traia una hacha encendida, y abierta enteramente la puerta, se vió que por el tránsito y detras de él venian otras personas.
Por la ferocidad que indicaban sus miradas, y lo particular de su traje, se convenció Elena de que no eran estas gentes
del convento, sino mensajeros sospechosos
y funestos. Dió un grito, y cayó en los
brazos de Vivaldi; no acertaba este con la
causa que producia este terror, hasta que
habiéndole llamado la atencion el ruido de
aquellas gentes estrañas, las vió entrar ar-
madas y vestidas de un modo particular,
con direccion al altar.

¿Quién se atreve á entrar por fuerza en este santuario? preguntó Vivaldi con energía.

¿Quiénes son los sacrílegos, añadió el
sacerdote, que tienen la osadía de violar
de este modo un lugar santo?

Elena estaba desmayada entre los brazos de Vivaldi, y viendo este que aquellos
hombres armados se acercaban, tiró de la
espada para defenderla: hablaba con el
sacerdote, cuando repentinamente una voz
estrepitosa y terrible como el trueno, rompió el silencio y manifestó el objeto misterioso de su comision.

Vos, Vicente Vivaldi, de Nápoles, y vos Elena Rosalba, de Villa Altieri, daos presos en nombre de la santa Inquisicion.

¡*En nombre de la santa Inquisicion*, dijo Vivaldi, que apenas podia creer lo mismo que miraba! os equivocais sin duda.

El comisario volvió á hacer la misma intimacion.

Cada vez mas asombrado, añadió Vivaldi: no imagineis que sois capaz de intimidarme, ni de hacerme creer que he dado motivo para que me persiga la santa Inquisicion.

Creed lo que os parezca, replicó el comisario; pero vos y esta señora estais presos.

Retírate impostor, exclamó Vivaldi, ó mi espada me pondrá en el caso de obligarte á que te arrepientas de tu temeridad.

¿Cómo os atreveis á insultar á un comisario del santo Oficio? Este religioso os puede informar del peligro á que os exponeis en el caso de resistir á mis órdenes.

El sacerdote, despues de oponerse á que Vivaldi replicase, dijo: si en realidad sois comisario de un tribunal tan formidable, acreditadlo. ¿Teneis presente que este lugar es un sagrado, y que debeis temer las consecuencias de una impostura? Y os engañais *si* me juzgais capaz de entregaros unas personas que se han acogido á este asilo, si no presentais una autorizacion en forma de la santa Inquisicion.

Aqui la teneis, replicó el comisario, sacando de la faltriquera un lio de papeles, que dió al religioso: leed, y quedareis satisfecho.

El benedictino se estremeció al verle; pero se detuvo á examinarle: el pergamino, el sello, la letra, y ciertas señales que solo conocen los que estan iniciados, indicaban un decreto de arresto proveido por el santo Oficio: se le cayó de las manos el papel, y miró con sorpresa y compasion á Vivaldi, que le tomó para leerle, cuando el comisario se le arrancó de las manos.

Jóven desgraciado, le dijo el religioso, no hay la menor duda: estais citado ante el terrible tribunal por vuestro crímen, y por poco no me hago yo tambien cómplice de un delito de mucha consideracion.

Vivaldi se quedó mortal. ¿Qué crímen es el que yo he cometido? reverendo padre: esta es una impostura, un artificio. ¿Pero cuál es mi crímen?

No creia que os hubieseis endurecido hasta este punto en el mal, dijo el padre: no añadais ahora la mentira al desenfreno de las pasiones: bien conoceis cual es vuestro delito.

Es una falsedad horrible, replicó Vivaldi; agradeced á vuestra edad y estado.... Pero estos malvados que se atreven á implicar á esta víctima inocente en su acusacion, esperimentarán mi venganza.

Deteneos, deteneos, dijo el sacerdote, cogiéndole el brazo. ¿Ignorais las terribles consecuencias que os pueden resultar de esta resistencia?

No las conozco, respondió Vivaldi, ni quiero conocerlas: defenderé á Elena hasta el último momento; ¡que se acerquen, si se atreven!

Vengarán despues sus insultos en esta desgraciada moribunda, en esta cómplice de vuestro delito, dijo el benedictino.

¡Cómplice de mi delito! exclamó Vivaldi con indignacion.=¡De mi delito!

Jóven imprudente, el velo con que tiene cubierto el rostro ¿no depone contra vos?

Habeis sacado de su convento á una religiosa, dijo el comisario principal, ¿y aun preguntais cuál es vuestro crímen? Luego que os hayais defendido, manifestando vuestro valor y heroismo, será preciso que nos sigais, porque ya se nos acaba la paciencia.

Vivaldi advirtió entonces, por la primera vez, que Elena llevaba un velo de religiosa que la habia prestado Olivia la noche de su salida del convento de San Estéban, y que por olvido no se le habia devuelto, sin haber despues advertido por su continua agitacion que no era de los comunes, como ya lo notaron algunas ursulinas.

Vivaldi, confuso con esta ocurrencia, de la cual no podia salir de un modo plausible, principió á querer desenvolver otras, que en cierto modo presentaban visos de verdad á la acusacion que se hacia, y á conocer la intriga en que le habian inculcado. Se penetró del espíritu infernal y vengativo de Schedoni; y como ignoraba cuales eran las miras ambiciosas que le dirijian, y las grandes esperanzas que le habia dado la marquesa, creyó que tal vez se habia arriesgado el confesor á perder el favor de su madre, procurando que se le pusiese preso; pero Schedoni tenia otros arbitrios para despreciar los resentimientos de la familia , y obligarla á que callase : se convenció de que Schedoni era el autor de esta horrible conspiracion: miró á Elena, y se angustió en tal extremo, que perdió el habla. Volvió aquella en sí, y le tendió los brazos, implorando su auxilio: no me abandoneis, le dijo en un tono el mas humilde ; solo vos sereis capaz de salvarme.

A estas palabras se reanimó, y dirijiéndose á las gentes que le rodeaban, las volvió á amenazar: tiraron todos de las espadas, y ni los gritos de Elena, ni las reflexiones del sacerdote, se percibian con el estrépito de los combatientes.

Vivaldi, por evitar la efusion de sangre, estuvo á la defensiva, hasta que la violencia de los contrarios le obligó á valerse de su destreza y valor. Hirió á uno de ellos; pero apenas podia ya defenderse, cuando entra Pablo en la capilla, y viendo que acometian á su amo, toma su defensa, combate con denuedo, y hiere á otro: en este

instante se reforzaron los que iban á hacer
el arresto, y habiendo herido á Vivaldi y
á su fiel criado, los desarmaron.

Luego que Elena vió herido á Vivaldi,
volvió á suplicar en un tono tan compasivo
que enterneció hasta los corazones de aquellos hombres feroces. En manos ya de sus
enemigos, y sin arbitrio para socorrer á
Elena en su triste situacion, Vivaldi rogó
encarecidamente al sacerdote que la pro-
tejiese.

No me atrevo, contestó, á resistir las órdenes de la Inquisicion aun cuando me hallase con fuerzas para oponerme á estas gentes. ¿Ignorais, desventurado jóven, que la
resistencia se castiga con pena de muerte?

¡ De muerte ! repuso Elena; ¡ de muerte !
Sí señora, de muerte.

Señor, dijo uno de los comisionados á
Vivaldi, no habeis querido creernos, caro
os estará lo que acabais de hacer, y le señalaba uno de los heridos, que estaba tendido; no, contestó Pablo, no debe ser mi
amo el responsable, sino yo que le he herido; y protesto que si me dejaseis en libertad,
á pesar de hallarme maltratado, haré lo
mismo con algunos de vosotros.

Calla, Pablo, replicó Vivaldi, que yo soy el culpable; y dirijiéndose al comisario, continuó: nada tengo que decir con respecto á mí; he cumplido con mi obligacion; pero ¿cómo podeis mirar á esa inocente abandonada, sin escitar vuestra compasion? Bárbaros, ¿estais autorizados en el estado en que se halla para conducirla á la muerte por una acusacion manifiestamente calumniosa?

Nuestra compasion de nada la puede servir, dijo el comisario: nos es preciso cumplir con nuestro deber : que la acusacion esté ó no fundada, es indispensable que responda ante el tribunal.

¿Qué acusacion? dijo Elena.

La de haber quebrantado vuestros votos, respondió el padre.

¡Haber quebrantado mis votos, exclamó!

Ya lo habeis oido, dijo uno de los familiares: ella misma confiesa.

No, repuso Vivaldi, lo que hace es estremecerse de la maldad de sus perseguidores. ¡Ay Elena! ¿Con que es preciso que os deje en manos de estos malvados, y que os pierda para siempre?

Estas consideraciones le animaron, y

desasiéndose del poder de sus opresores, estrechó á Elena entre sus brazos : enmudecida, apoyada su cabeza en el pecho de Vivaldi, no pudo expresar las angustias que oprimian su corazon sino derramando lágrimas, y su infeliz amante abatido de dolor, medio desangrado, apenas se podia tener de pie, y tuvo que volver á abandonar á Elena cuando mas necesitaba é imploraba su amparo.

El sacerdote propuso que se le llevase al convento de los benedictinos para curarle las heridas : él no quiso, á no ser que le acompañase Elena ; pero esto se oponia á la constitucion de la orden, que prohibia la entrada á las mugeres.

Todos los deseos de Elena se dirijian á que Vivaldi se dejase conducir al convento; pero nada consiguió, porque no la quiso abandonar. Los familiares dijeron que era preciso separarlos, á pesar de las súplicas de Vivaldi para que los condujesen juntos, puesto que los dos debian ser presentados á la Inquisicion.

¿En dónde habeis visto, dijo el comisario, que se permita ir juntas las personas que son arrestadas? Se confabularian á su arbitrio, y convendrian en lo que debian responder al interrogatorio; de modo que no se hallaria contradiccion en sus respuestas.

No me separeis de mi amo, dijo Pablo con todo su corazon: os suplico que me presenteis con él á la santa Inquisicion, ó al diablo, que es lo mismo.

Estamos perdiendo el tiempo; llevadla, dijo el comisario, señalando á Elena.

Entonces se la llevaron, y Pablo quiso desasirse para defenderla; pero fue en vano.

Suplicó que la permitiesen ver á Vivaldi para despedirse de él por la última vez; pero los verdugos fueron inexorables, y no la contestaron.

¡Ah! exclamaba Vivaldi; que oiga yo tu voz todavía: pronuncia siquiera una sola palabra; pero no tuvo este triste consuelo.

Al salir de la capilla volvió á exclamar Elena en un tono de desesperacion: á Dios Vivaldi; á Dios para siempre.

Fue tan tierno el tono de esta última despedida, que hasta el helado corazon del anciano sacerdote se conmovió. Vivaldi la oyó, y le trajo á la memoria la idea de la muerte; volvió la vista hácia la puerta, y aun alcanzó á ver su flotante velo: su estado, sus súplicas, su resistencia, todo fue inútil. Aquellos malvados le ataron, apesar de lo mal herido que se hallaba, y le llevaron al convento con Pablo, que gritaba con toda su fuerza: pido que me lleven á la Inquisicion.

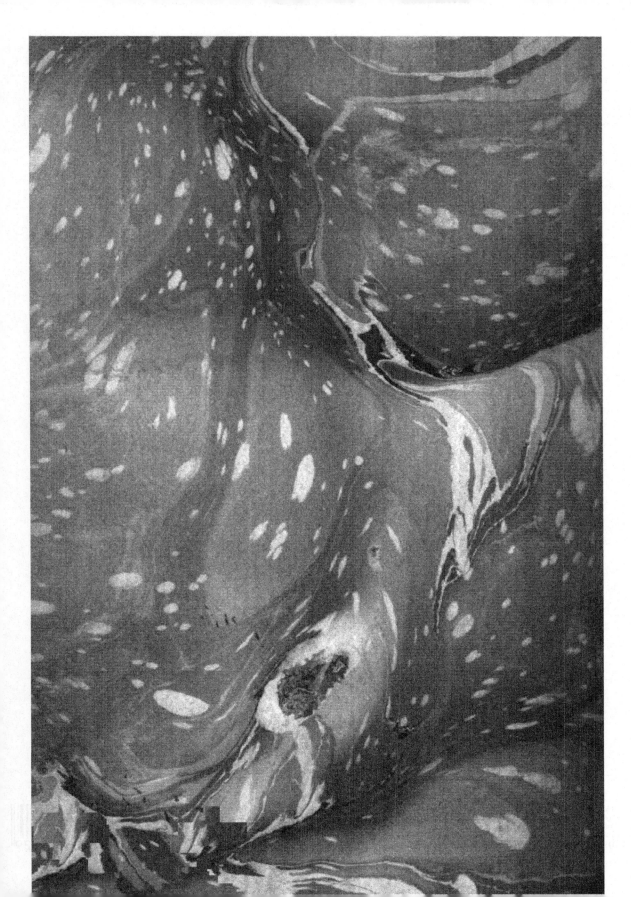

CPSIA information can be obtained
at www.ICGtesting.com
Printed in the USA
BVOW10s0924081117

499861BV00015B/341/P